Baby Led Weaning

55 herrliche BLW Rezepte für Ihre kleine Genießer! Lernen Sie Babybrei selber kochen & führen Sie Ihre Kleinen mit diesem Baby Kochbuch mit Gaumenfreude ins erste Lebensjahr

inkl. ***BONUS:*** *Die besten Tipps zur Bevorratung*

MY BABY WORLD

Originale 1. Auflage: November 2019

Druck und Auslieferung: Amazon.de

ISBN: 9781708848989

Inhaltsverzeichnis

Einleitung

Liebe Mutter,

lieber Vater,

schön, dass Sie den Weg zu diesem Buch gefunden haben und an dieser Stelle möchte ich Ihnen zunächst zu Ihrem Kind beglückwünschen. Sicherlich haben Sie schon gemerkt, dass sich mit der Geburt Ihres Kindes vieles geändert hat. Ein so kleines Lebewesen steht nun im Zentrum Ihrer Aufmerksamkeit und Ihres Handelns. Kein Wunder, dass Sie nur das Beste für Ihr Baby wollen. Doch was ist das Beste?

Die modernen Medien sind hier Fluch und Segen gleichermaßen. Im Internet können Sie eine Menge über das lesen, was gut und was schlecht für Ihr Baby ist. Doch oft stiftet das noch mehr Verwirrung bei den Eltern. Mal soll das Kind nach links gedreht werden beim Wickeln, der nächste ist der felsenfesten Überzeugung, dass nur die Drehung nach rechts das non plus Ultra beim Wickeln ist. Dabei sind wir jetzt nur beim Wickeln. Die Nahrung ist noch gar nicht thematisiert worden.

Das Erlebnis Baby wird zu einer großen Unsicherheit und Eltern werden nicht selten aus diesem Grund hin und her gerissen, zwischen dem, was ihr eigenes Bauchgefühl sagt und dem, was andere ihnen weiß machen wollen! Dieses Buch soll keine Babybibel werden! Ich fordere Sie daher schon an dieser Stelle auf, auf Ihr eigenes Bauchgefühl zu hören und sich an das Tempo Ihres Babys anzupassen. Wenn Sie das Inhaltsverzeichnis bereits überflogen haben, so sehen Sie, dass es hier Rezepte nach dem 4. Monat gibt. Doch nur, weil Ihr Baby den 4. Monat bereits abgeschlossen hat, bedeutet das im Umkehrschluss nicht, dass es jetzt unbedingt mit der Beikost, oder auch Baby Led Weaning zu neudeutsch genannt, durchstarten muss! Die Rezepte ab dem 4. Monat besagen lediglich, dass Ihr Baby diese Rezepte ab diesem Alter vertragen könnte. Warum es anders sein könnte? Nun, weil Babys Entwicklung sein eigenes Tempo besitzt! Die Darmreifung ist hier von besonderer Bedeutung, denn mit der Geburt ist diese noch nicht abgeschlossen und der Magen-Darm-Trakt Ihres Babys muss erst noch nachreifen. Wenn Sie zu früh mit der Beikost beginnen, dann kann Ihr Baby Bauchschmerzen und Verdauungsprobleme bekommen und das lässt sich einfach vermeiden: Warten Sie mit der Beikost noch eine Weile ab.

Trotzdem ist es für Eltern und Babys gleichermaßen eine spannende Zeit. Die ersten Häppchen vom Löffel bleiben den Eltern in Erinnerung und auch das erstaunte Gesicht Ihres Babys, wenn es zum ersten Mal in seinem Leben ein Löffelchen Brei bekommt! Kein Wunder, dass viele Eltern auf diesen Moment hinfiebern.

Doch ehe es soweit ist, möchte ich Ihnen in diesem Buch noch einen ersten Überblick über das Thema verschaffen. Dabei möchte ich Ihnen mit auf den Weg geben, woran Sie erkennen, dass Ihr Baby für Beikost bereit ist und was es zu beachten gibt. Ebenfalls finden Sie eine Übersicht von denjenigen Lebensmitteln, die ab den verschiedenen Altersstufen theoretisch erlaubt sind beziehungsweise bekömmlich für Ihr Baby sind. Sie dürfen sich also auf viele Informationen freuen! Darum möchte ich nicht länger mit dem Vorwort Ihre Zeit stehlen, sondern direkt mit dem Thema beginnen. Ich wünsche Ihnen viel Freude mit diesem Buch und ein gelungenes Nachkochen der Rezepte.

Das Wort vor den Rezepten

Allmählich wird es ernst und es wird Zeit, sich mit Babys erster Beikost auseinanderzusetzen. Das ist spannend, würden Sie doch sicherlich endlich ein drei-Gänge-Menü zaubern wollen. Doch ein Schritt nach dem nächsten. Bis Sie Ihrem Baby so etwas kochen können, vergeht viel Zeit! Zunächst geht es darum, Ihrem Baby den Übergang zur Beikost so einfach zu machen, wie es nur möglich ist. Sie müssen an dieser Stelle verstehen, dass das Essen, welches für Sie absolute Routine ist, von Ihrem Baby erst erlernt werden muss. Zu Beginn läuft einiges schief und es wird mehr Brei außerhalb des Mundes landen, als in dem Bauch Ihres Babys. Doch es ist bisher noch kein Meister vom Himmel gefallen und Ihr Baby braucht eines: Übung!

Dieses Kapitel soll sich mit Themen beschäftigen, die Sie auf die Beikostzeit vorbereiten. So soll hier das Thema angesprochen werden, ab wann Sie das erste Mal für Ihr Baby kochen sollten. Woher wissen Sie überhaupt, wann der richtige Zeitpunkt ist?

Dass die Muttermilch oder das Fläschchen von großer Bedeutung für Ihr Baby ist, steht außer Frage. Die ersten Monate ist das sogar die Bezugsquelle Nummer eins für Ihr Baby. Auch nach dem Beginn der Beikost ist die Muttermilch oder das Fläschchen wichtig und notwendig. Wie aber gelingt Ihnen dann der Übergang zur Beikost? Das soll ebenfalls ein Thema in diesem Kapitel sein.

Darüber hinaus ist eines wichtig: Die Flüssigkeitszufuhr. So lange Ihr Baby das Stillen oder das Fläschchen noch als

Hauptbezugsquelle hat, ist eine ausreichende Versorgung mit Flüssigkeit gewährleistet. Doch sobald die Beikost mehr wird, müssen Sie zusätzlich Trinken anbieten. Geeignet sind hier stilles Wasser oder ungesüßte Tees. In dem dafür vorgesehenen Kapitel werden Sie übrigens die ersten Rezepte aus dem Buch erhalten: Drei Teerezepte warten hier auf Sie!

Viele spannende Themen wollen also nun von Ihnen erforscht werden. Darum möchte ich Sie an dieser Stelle auch gar nicht lange davon abhalten und Ihnen nun freie Bahn lassen, um die ersten Schritte vor den Rezepten zu erkunden.

Ab wann sollte man den Kochlöffel schwingen?

Diese Frage stellen sich viele Eltern: Wann ist der richtige Zeitpunkt angelangt, um mit der Beikost zu starten. Tatsächlich liest man ja immer wieder, dass die ersten Gläschen und Co nach dem vierten Monat zu verfüttern sind. Doch ist das auch richtig so?

Grundsätzlich sollten Sie sich von dem Gedanken lösen, dass Ihr Kind nach dem vierten Monat mit Beikost durchstarten muss! Die Hinweise auf den Gläschen und im Internet sind hier eher verwirrend, als hilfreich. Grundsätzlich besagt die Altersangabe lediglich, dass Ihr Baby ab diesen Monat die Beikost vertragen könnte, nicht aber, dass es dann auch Beikost bekommen muss! Das hängt nämlich wiederum von der Entwicklung Ihres Babys ab!

Woran erkennen Sie aber nun, ob Ihr Baby für die Beikost bereit ist? Ihr Baby sendet Ihnen dazu Signale. Vielleicht ist Ihnen bereits aufgefallen, dass Ihr Baby Sie regelrecht mit Blicken löchert, wenn Sie etwas essen. Das ist auch gleichzeitig eines der wichtigsten Signale, dass Ihr Baby nun bereit dazu ist, den nächsten Schritt zu gehen und mit der ersten Beikost zu starten.

Wenn Sie nun aber glauben, dass Sie gleich für eine ganze Kompanie kochen müssten, dann haben Sie sich geirrt. Tatsächlich werden die ersten Beikostmahlzeiten sich auf ein bis zwei Teelöffel reduzieren lassen. Darüber hinaus können Sie davon ausgehen, dass die meiste Beikost außerhalb des Babybauchs zu finden sein wird. Ihr Baby muss zunächst einmal lernen, von einem Löffel zu essen. Nicht nur das! Es muss den Ablauf, der hinter dem Vorgang „Essen“ steckt, erst einmal trainieren. Wenn Sie nun etwas essen, dann öffnen Sie den Mund, geben das Essen in Ihren Mund, schließen den Mund, kauen und schlucken es herunter. All das ist absolut neu für Ihr Baby und eine enorme kognitive Herausforderung. Aber Ihr Baby wird sich dieser Herausforderung stellen und sie mit Bravour meistern! So viel steht fest.

Lassen Sie es also ruhig und entspannt angehen, wenn Sie zur ersten Beikost übergehen. Haben Sie keine zu hohen Erwartungen und halten Sie sich an kleine Portionen. Die Milch, egal ob es die Muttermilch ist oder das Fläschchen, spielt nämlich zunächst noch eine Hauptrolle in der kulinarischen Welt Ihres Babys.

Muttermilch oder Fläschchen, was folgt dann?

Muttermilch ist wichtig für Ihr Baby! Es versorgt Ihr Baby nicht nur mit allen wichtigen Nährstoffen, Vitaminen und Spurenelementen, sondern Sie geben Ihrem Baby auch gleichzeitig einen Schutz mit auf den Weg! Doch auch, wenn Sie nicht stillen können, so ist das kein Beinbruch. Die heutige Fläschchennahrung ist so gut, dass sie sich fast nicht hinter der Muttermilch verstecken braucht. Auch mit dem Fläschchen können Sie Ihrem Baby alles Wertvolle mit auf den Weg geben.

Doch es kommt die Zeit, in der Ihr Baby immer weniger Interesse am Stillen oder Fläschchen hat. Hellauf begeistert beobachtet es Sie, wenn Sie etwas essen. Das ist der Startschuss für die Beikost. Allerdings habe ich es Ihnen schon ausführlich und oft gesagt: Die Milch ist nach wie vor Hauptnahrungsquelle. Wenn Sie also mit der Beikost beginnen, so sollten Sie mit Bedacht vorgehen. Ein Tag könnte zu Beginn in etwa so aussehen:

- **Morgens**: Stillen oder Fläschchen
- **Vormittags**: erste Beikost und Stillen oder Fläschchen
- **Mittags**: Stillen oder Fläschchen
- **Abends**: Stillen oder Fläschchen
- **Nachts**: Stillen oder Fläschchen

Warum empfehle ich, die erste Beikost vormittags zu geben? Das ist einfach erklärt. Ein jedes Baby kommt mit einem mehr oder weniger nicht vollständig ausgereiften Magen-Darm-Trakt zur Welt. Zudem verträgt dieser zunächst nur die Muttermilch oder das Fläschchen. Kein Wunder, war Ihr Baby in Ihrem Bauch doch über die Nabelschnur mit allen wichtigen Nährstoffen versorgt. Nun hat es sich gerade an die Milch gewöhnt, da kommt die nächste Herausforderung für den Magen und Darm. Es kann durchaus sein, dass, trotz Interesse an fester Nahrung, der Magen-Darm-Trakt noch nicht ausgereift genug ist, um feste Nahrung zu verwerten. Es kann also zu Blähungen, Bauchschmerzen und Durchfall kommen. Für Sie und Ihr Baby ist es somit besser, genügend Zeit am Tag zu haben, um auf eventuelle Schwierigkeiten reagieren zu können. In der Nacht oder am Abend gestaltet sich das nämlich nicht selten zu einer nervlichen Zerreißprobe. Daher empfehle ich Ihnen, die erste Beikost am Vormittag zu geben! Wenn das übrigens dann ohne Komplikationen klappt, Ihr Baby die erste Beikost gut verträgt, dann dürfen Sie das Repertoire erweitern und eine neue Zutat mit in Babys Speiseplan einbauen.

Flüssigkeit ist wichtig!

Mit dem Startschuss für die Beikost ist eines besonders wichtig: Die Flüssigkeitszufuhr. Bei den ersten Löffelchen Brei ist dies vielleicht noch nicht von ganz so großer Bedeutung. Immerhin bezieht Ihr Baby noch ausreichend Flüssigkeit über die Muttermilch oder das Fläschchen, welches nach wie vor zu Beginn die Hauptbezugsquelle Ihres Babys darstellt. Doch je weiter Ihr Baby in dieser Entwicklung voranschreitet, umso wichtiger wird die Flüssigkeitszufuhr. Stilles Wasser und ungesüßten Tee, das sollte zu jeder Beikost-Mahlzeit, egal wie groß oder klein diese auch ist, angeboten werden. Und somit möchte ich Ihnen gleich die ersten Rezepte dieses Buches vorstellen. Hier kommen nun drei Rezepte für selbstgemachte Babytees, die Sie Ihrem Baby anbieten können!

Hinweis:

Die Zutaten aus den folgenden drei Babytee Rezepte sollten in einem gut sortierten Supermarkt oder Reformhaus zu finden sein. Sie können die Fenchelsamen aber auch über das Internet beziehen. Legen Sie sich lieber kleinere Mengen zu, da die Zutaten sehr ergiebig sind. Zusätzlich zu den Zutaten benötigen Sie darüber hinaus einen Mörser und ein Teesieb.

Fencheltee

Zubereitungszeit

15 Minuten

Schwierigkeitsgrad

leicht

Zutaten

- 1 TL Fenchelsamen
- 1 Tasse heißes Wasser

Zubereitung

Zerstoßen Sie einen Teelöffel der Fenchelsamen mithilfe des Mörsers. Dies sollten Sie gewissenhaft machen, bis sie fast nicht mehr als solche erkennbar und somit pulverisiert sind. Auf diese Weise werden die ätherischen Öle der Fenchelsamen freigelegt. Ist das geschehen, dann geben Sie die gemörserten Samen in ein Teesieb und übergießen alles in einer Tasse mit heißem Wasser. Lassen Sie den Tee für gute sechs Minuten ziehen und entnehmen Sie anschließend das Teesieb. Sollten Teile der Samen im Tee schwimmen, so können Sie den Tee noch einmal mithilfe eines Kaffeefilters filtern.

Kamillentee

Zubereitungszeit

10 Minuten

Schwierigkeitsgrad

leicht

Zutaten

- 2-3 TL frische oder getrocknete Kamillenblüten
- 250ml heißes, nicht mehr kochendes Wasser

Zubereitung

Fügen Sie die Kamillenblüten in ein geeignetes Gefäß und übergieße Sie sie mit dem Wasser. Lassen Sie die Kamille nun für 10 Minuten ziehen und durchseihen Sie den Tee anschließend mithilfe eines Kaffeefilters. Nun kann der Kamillentee bis zur gewünschten Wärme abkühlen und getrunken werden.

Hagebuttentee

Zubereitungszeit

20 Minuten

Schwierigkeitsgrad

leicht

Zutaten

- 2-3 TL getrocknete oder frische Hagebutten
- 250 ml kochendes Wasser

Zubereitung

Zerstoßen Sie die getrockneten Hagebutten mithilfe des Mörsers grob und geben Sie sie in ein geeignetes Gefäß. Wählen Sie frische Hagebutten, so ist es ausreichend, wenn Sie die Früchte einfach grob zerschneiden. Geben Sie die vorbereiteten Früchte in ein geeignetes Gefäß. Bei beiden Optionen übergießen Sie nun die Hagebutten mit 250 ml kochendem Wasser und lassen den Tee für 10-15 Minuten ziehen. Anschließend durchseihen Sie den Tee anschließend mithilfe eines Kaffeefilters. Nun kann der Kamillentee bis zur gewünschten Wärme abkühlen und getrunken werden.

Was Sie unbedingt beachten müssen!

In diesem Kapitel möchte ich Ihnen die gängigsten Lebensmittel vorstellen, die Ihr Baby im Laufe seiner Beikost zu sich nehmen darf. Sie finden hierzu verschiedene Rubriken mit den jeweiligen Übersichten. Innerhalb der Übersichten ist genau aufgezeigt, um welches Lebensmittel es sich handelt, wie es zubereitet werden sollte, ab wann es geeignet ist und welche Konsistenz es haben sollte, damit Ihr Baby es optimal verwerten kann. Eine ausgewogene Vielfalt ist wichtig, doch sollten Sie mit der Beikost beginnen, dann müssen Sie sich langsam herantasten: Ein Lebensmittel nach dem nächsten und erst, wenn Ihr Baby ein Nahrungsmittel gut verträgt, dürfen Sie das nächste Nahrungsmittel hinzunehmen. Doch nun möchte ich Sie nicht länger auf die Folter spannen. Hier kommen die Lebensmittel, die zur Beikost gängiger Weise geeignet sind.

Fisch und Fleisch

Fisch und Fleisch stellen besondere Bezugsquellen für Ihr Baby dar. Viel Eisen, Calcium und Jod bringen diese mit. Hier können Sie nun sehen, welches Fleisch und welcher Fisch ab wann verarbeitet werden darf.

Was?	**Wie zubereitet?**	**Ab wann?**	**Konsistenz**
Lachs	gekocht, gedünstet	6. Monat	gegenwärtig fein püriert, später auch grober püriert
Seelachs	gekocht, gedünstet	6. Monat	gegenwärtig fein püriert, später auch grober püriert
Kabeljau	gekocht, gedünstet	6. Monat	gegenwärtig fein püriert, später auch grober püriert
Makrele	gekocht, gedünstet	6. Monat	gegenwärtig fein püriert, später auch grober püriert
Scholle	gekocht, gedünstet	6. Monat	gegenwärtig fein püriert, später auch grober püriert
Forelle (Süßwasser)	gekocht, gedünstet	6. Monat	gegenwärtig fein püriert, später auch grober püriert
Hähnchenbrustfilet	gekocht, gedünstet, hinterher leicht angebraten	5. Monat	zunächst fein püriert, später auch grober püriert
Rinderfilet	gekocht, gedünstet, hinterher leicht angebraten	5. Monat	gegenwärtig fein püriert, später auch grober püriert
Lammfilet	gekocht, gedünstet, hinterher leicht angebraten	5. Monat	gegenwärtig fein püriert, später auch grober püriert

Obst

Obst schmeckt Ihrem Baby nicht nur gut, sondern es ist zugleich ein wichtiger Lieferant für Vitamine, Mineralien und Spurenelemente. Doch sollten Sie zu Beginn der Beikost auf milde Obstsorten setzen, die sanft zum Magen und zu Ihrem Baby sind. Im Laufe der Zeit können Sie diese dann ausbauen!

Was?	**Wie zubereitet?**	**Ab wann?**	**Konsistenz**
Äpfel	gekocht oder fein gerieben	4. Monat	zu Mus gekocht oder fein gerieben
Birnen	gekocht oder fein gerieben	4. Monat	zu Mus gekocht oder fein gerieben
Bananen	gekocht oder fein gerieben	4. Monat	zu Mus gekocht oder fein gerieben
Pflaumen	gekocht	4. Monat	zu Mus gekocht
Avocado	gekocht	4. Monat	zerquetscht und püriert, als Brei oder Mus
Pfirsich	gekocht, roh	6. Monat	zerquetscht und püriert, als Brei oder Mus
Nektarine	gekocht, roh	6. Monat	zerquetscht und püriert, als Brei oder Mus
Aprikose	gekocht, roh	6. Monat	zerquetscht und püriert, als Brei oder Mus
Heidelbeere	gekocht, roh	6. Monat	zerquetscht und püriert, als Brei oder Mus
Melone	gekocht, roh	6. Monat	zerquetscht und püriert, als Brei oder Mus
Papaya	Gekocht, roh	6. Monat	zerquetscht und püriert, als Brei oder Mus
Kiwi	Gekocht, roh	8. Monat	zerquetscht und püriert, als Brei oder Mus
Himbeeren	gekocht, roh	8. Monat	zerquetscht und püriert, als Brei oder Mus
Erdbeeren	gekocht, roh	8. Monat	zerquetscht und püriert, als Brei oder Mus
Zitrusfrüchte	gekocht, roh	13. Monat	zerquetscht und püriert, als Brei oder Mus, je nach Entwicklung des Babys auch schon in kleine Stücke geschnitten
Grapefruit	gekocht, roh	13. Monat	zerquetscht und püriert, als Brei oder Mus, je nach Entwicklung des Babys auch schon in kleine Stücke geschnitten

Gemüse

Auch das Gemüse ist ein wichtiger Lieferant für wichtige Vitamine, Spurenelemente und Nährstoffe. Damit Ihr Baby altersgerecht davon profitieren kann, habe ich auch hier wieder eine Übersicht mit den gängigsten Lebensmitteln zusammengestellt. Viel Spaß beim durchstöbern.

Was?	**Wie zubereitet?**	**Ab wann?**	**Konsistenz**
Möhren	gekocht	4. Monat	Brei oder Mus
Pastinaken	gekocht	4. Monat	Brei oder Mus
Kartoffeln	gekocht	4. Monat	Brei oder Mus
Kürbis	gekocht	4. Monat	Brei oder Mus
Zucchini	gekocht	4. Monat	Brei oder Mus
Süßkartoffeln	gekocht	4. Monat	Brei oder Mus
Gurken	gekocht	4. Monat	Brei oder Mus
Brokkoli	gekocht	6. Monat	Brei oder Mus
Mais	gekocht	6. Monat	Brei oder Mus
Sellerie	gekocht	6. Monat	Brei oder Mus
Kohlrabi	gekocht	6. Monat	Brei oder Mus
Blumenkohl	gekocht	6. Monat	Brei oder Mus
Fenchel	gekocht	6. Monat	Brei oder Mus
Spinat	gekocht	6. Monat	Brei oder Mus
Rosenkohl	gekocht	8. Monat	Brei oder Mus
Erbsen	gekocht	8. Monat	Brei oder Mus
Rote Beete	gekocht	8. Monat	Brei oder Mus
Aubergine	gekocht	8. Monat	Brei oder Mus
Tomaten (frisch)	gekocht, roh	10. Monat	Brei, Rohkost, passierte Tomaten können eher gereicht werden
Paprika	gekocht, roh	10. Monat	Brei, Rohkost

Vitamine, Mineralien und Spurenelemente

Vitamine, Mineralien und Spurenelemente sind existenziell für die Entwicklung Ihres Babys. Das Stillen oder das Fläschchen sind optimal auf die Bedürfnisse Ihres Babys abgestimmt. Doch sobald die Beikost ins Spiel kommt, müssen Sie dafür Sorge tragen, dass Ihr Baby alle wichtigen Inhaltstoffe erhält. Doch welche Vitamine, Mineralien und Spurenelemente sind denn nun von großer Bedeutung? Damit Sie einen groben Überblick über die wichtigsten Nährstoffe bekommen, habe ich Ihnen diese Tabelle mitgebracht. Hier erfahren Sie zu den einzelnen Nährstoffen nicht nur, wo diese enthalten sind, sondern auch, wofür sie benötigt werden.

Nährstoff	Wo zu finden	Wirkung
Eisen	zum Beispiel rotes Fleisch, Nüsse, Spinat	wichtig für die Bildung des Blutes und den Transport des Sauerstoffs innerhalb des Bluts, ebenfalls für die Entwicklung des Gehirns und diverse Stoffwechselvorgänge wichtig
Vitamin C	Äpfel, Birnen, Tomaten, später auch Paprika	hilft bei der Aufnahme von Eisen, wichtig für ein intaktes Immunsystem
Kalzium	Milch (Produkte), Vollkorn, Möhren, Sesam, Mandeln (für Babys Mandelmus)	wichtig für den Knochenaufbau und Knochenstabilität, Blutgerinnung und verschiedene Stoffwechselvorgänge, sehr wichtig für die Ausbildung des zentralen Nervensystems
Omega-3-Fettsäuren	Lachs, Rapsöl, Leinöl, Walnussöl, Hanföl	Wichtig für Zellstoffwechsel, Eiweißgewinnung und -umwandlung, Hormone und Immunabwehr
Omega-6-Fettsäuren	Lachs, Rapsöl, Leinöl, Walnussöl, Hanföl	Wachstum, unterstützt eine bessere Wundheilung
Zink	Haferflocken, Vollkorngetreide, Cashews (für Babys als Mus)	Insulinspeicherung, zuständig für das Wachstum von Haaren und Haut, Eiweißgewinnung und -umwandlung, Immunsystem
Jod	Seefisch, Milch und Milchprodukte, Hühnerei	Schilddrüse
Fluor	Fisch, Walnüssen	Knochen, gesunde Zähne
Kalium	Kartoffeln, Petersilie, Spinat, Trauben	Regulation des Wasserhaushalts, Nervenübertragungen, Nervensystem
Natrium	Milchprodukte, Fleisch, Getreide, Tomatenmark,	Regulation des Wasserhaushalts, Blutdruck, Nervenübertragung
Magnesium	Nüsse, Bananen, Vollkornprodukte	Stoffwechsel, Nervensystem, Knochenaufbau
Vitamin D3	Für Babys ausschließlich als Tabletten (*Vigantoletten*), da Vitamin D3 sonst über die UV-Strahlen mittels der Haut aufgenommen wird. Babys müssen allerdings vor direkter Sonneneinstrahlung geschützt werden!	Knochen, Skelett
Vitamin B12	Tierische Produkte, beispielsweise Fleisch, Fisch, Milch und Eier	Bildung roter Blutkörperchen, Wachstum und Entwicklung

Da kommt der erste Zahn!

Wenn die ersten Zähnchen sich ankündigen, wird es stressig für Mama und Papa. Nicht nur, dass es schlaflose Nächte bedeutet, auch können die ersten Zähnchen den Körper Ihres Babys auf den Kopf stellen. Man hat herausgefunden, dass das Durchbrechen der ersten Zähnchen oftmals mit einer Schwächung des Immunsystems einhergeht. So kann es dazu kommen, dass Ihr Baby vielleicht zu einem Pilz neigt, krank wird oder Pickel bekommt. Auch kann es sein, dass Ihr Baby zu dieser Zeit schlechter isst und trinkt, wie Sie es bisher gewohnt waren. Das ist aber alles kein Grund zur Sorge, sondern der natürliche Lauf der Dinge. Ein Hautpilz lässt sich einfach durch das regelmäßige Auftragen einer Salbe in den Griff bekommen und auch gegen die Pickelchen helfen Salben sehr gut!

Das Kommen der ersten Zähne tut weh, das Gehen der Zähne aber auch! Gut, dass Ihrem Baby vom Kommen nicht mehr viel in Erinnerung behalten wird!

Doch mit den ersten Zähnchen wird sich noch etwas für Sie ändern: Die Zahnpflege steht nun zusätzlich auf dem Programm. Das bedeutet also, nach jeder Mahlzeit muss nun auch Ihr Baby sich die Zähne putzen! Natürlich keine drei Minuten, wie es bei einem vollständigen Gebiss von den Zahnärzten empfohlen wird. Das würde Ihr Baby auch gar nicht mitmachen! In der Drogerie oder in der Apotheke können Sie kleine Zahnbürstchen kaufen, die Sie auf Ihren Finger stecken. So bringen Sie Ihrem Baby spielerisch die Mundpflege bei. Das ist nicht nur wichtig für die Mundhygiene, sondern je eher eine Mundpflege zum Leben Ihres Babys dazugehört, je weniger Machtkämpfe werden Sie später haben. Denn noch ist das Zähneputzen spannend. Nicht mehr lange und es wird zu einer lästigen Routine, die Ihnen manches Mal die Schweißperlen auf die Stirn treiben wird. Aber bis dahin ist noch viel Zeit und auch das gehört zum Abenteuer Kind dazu.

Bauchweh

Bauchschmerzen, Sie wissen es selbst sehr gut, sind unangenehm und schmerzhaft! Ihrem Baby ergeht es hier nicht anders. Auch, wenn Bauchschmerzen bei Babys ein Teil der Entwicklung sind, so machen sich die Eltern doch oftmals große Sorgen. Stellt sich also die Frage, warum Ihr Baby Bauchschmerzen hat?

Grundsätzlich ist der Darm mit der Geburt schon von allen Bakterien besiedelt, die Ihr Baby für eine gute Darmflora braucht. Allerdings klappt die Kommunikation zwischen den Bakterien noch nicht. Einfach gesagt: Das eine Bakterium weiß nicht, was sein Nachbar macht. Das führt logischerweise zu Irritationen, die Blähungen und somit Bauchschmerzen verursachen. Sehr gefürchtet und bekannt sind hier die sogenannten Drei-Monats-Koliken. Die besagten nicht, dass die Koliken über drei Monate andauern, sondern dass sie innerhalb der ersten drei Lebensmonate Ihres Babys auftreten können. Natürlich gibt es auch Fälle, bei denen Sie auch nach der Vollendung des dritten Monats auftauchen. Danach haben sich die Bakterien in der Regel recht gut auf die neue Nahrung „Milch“ eingespielt und der Bauch Ihres Babys kommt zur Ruhe.

Spannend wird es aber nochmals, wenn die Beikost beginnt. Zwar können die Bakterien nun sehr gut mit der Milch umgehen, doch andere Nahrung muss auch hier erst wieder eingespielt werden. Aus diesem Grund ist es so wichtig, dass Sie unbedingt vermeiden, viele verschiedene Lebensmittel gleichzeitig zu füttern. Um

Bauchschmerzen, Blähungen, Durchfall oder Verstopfung vorzubeugen, sollten Sie sich auf Lebensmittel zu Beginn der Beikost reduzieren. Verfüttern Sie eine Woche lang, um einen groben Richtwert zu nennen, dieses eine Lebensmittel in Miniportionen von ein bis maximal drei Teelöffeln und beobachten Sie, wie Ihr Kind die Beikost aufnimmt. Reagiert der Körper Ihres Babys ohne Bauchweh oder Verdauungsprobleme, dann dürfen Sie das nächste Lebensmittel dem Speiseplan hinzufügen. Auf diese Weise tasten Sie sich langsam, aber stetig an die Beikost heran.

Bald geht es los

Nun nähern Sie sich endlich der Zielgeraden an: Bald kommen die ersten Rezepte, die Sie endlich nachkochen dürfen.

In dem letzten Kapitel haben Sie erfahren, dass Sie für die erste Beikost nur sehr überschaubare Mengen an Ihr Baby verfüttern sollten. Somit beugen Sie schmerzhaften Bauchschmerzen und Magendarmproblemen vor! Doch für maximal drei Teelöffel kochen, lohnt sich das überhaupt? Tatsächlich sind Sie nicht die einzigen Eltern, die sich das gefragt haben. Den Rest wegwerfen, das ist Verschwendung und somit keine Option! Aber wohin damit? Etwa selbst essen?

Zum Glück gibt es einige gute Lösungen, wie Sie dem Problem vorbeugen können und sich gleichzeitig noch clever Vorräte anlegen! Dazu können Sie Obst- und Gemüsebreie einkochen oder einfrieren. Die besten Tipps für jede Lebenslage möchte ich Ihnen in diesem Kapitel vorstellen. So müssen Sie keine Lebensmittel wegwerfen oder verschwenden. Zudem haben Sie immer eine frisch gekochte Portion Beikost in der Hinterhand, wenn es einmal schnell gehen muss!

Bevorratungstipp #1

Sie kennen doch sicherlich das Küchenutensil, mit dem sich hervorragend Eiswürfel herstellen lassen! Genau das wird Ihr bester Freund der Bevorratung in den ersten Monaten sein! Der Eiswürfelportionierer ergibt nämlich genau eine Portion für den Anfang. Wenn Sie also die ersten Breie kochen, so können Sie alles, was Ihr Baby nicht verzehrt, mit seiner Hilfe portionsweise einfrieren. Zum Einfrieren eignen sich nicht nur Gemüsebreie, sondern auch Obstbreie. In der Regel sind die Portionen für ein Gläschen nämlich noch viel zu gering! Zudem eignet sich das Gläschen auch aus dem Grund der Haltbarkeit nicht. Ist es erst einmal angebrochen, muss es schnell geleert werden, da alle Rezepte in diesem Buch ohne Konservierungsstoffe auskommen!

Wenn Sie allerdings Fruchtbreie und auch Gemüsebreie in den Eidwürfelportionierer einfrieren, können Sie sich nach Bedarf einen Block, später auch zwei Blöcke, herausnehmen und auftauen lassen. Zum Erhitzen geben Sie den Brei in die Mikrowelle. Doch Achtung! Solch kleine Portionen brauchen keine lange Auftau- und Aufwärmzeit.

Bevorratungstipp #2

Das Gläschen ist vor allem unterwegs sehr praktisch. Wenn Ihr Baby die ersten Wochen der Beikost gut verträgt und die Portionen größer werden, dann macht es durchaus Sinn, besonders Obstbreie im Gläschen einzukochen. Auch Gemüsebreie eignen sich hervorragend hierzu. Vorsichtig sollten Sie jedoch bei allen anderen Rezepten sein! Doch wie funktioniert das nun, das klassische Gläschen?

Kochen Sie zunächst einen Obst- oder Gemüsebrei nach Anleitung in diesem Buch. Spülen Sie die Gläschen und Deckel mit heißem Wasser aus. Besser noch: Kochen Sie beides aus! Füllen Sie anschließend die noch kochenden Reste in kleine Gläschen mit Schraubverschluss ab und schrauben Sie umgehend die Gläschen zu. Drehen Sie die Gläschen für zehn Minuten auf den Deckel und wenden Sie sie dann so, dass Sie wieder normal auf den Boden stehen. Während die Gläschen abkühlen, entsteht im Glas ein Unterdruck und Sie werden ein Ploppen des Deckels hören. Das ist ein sicheres Zeichen, dass sich ein Vakuum gebildet hat und der eingekochte Brei nun haltbar ist.

Auch, wenn ein Gläschen geploppt hat, so sollten Sie vor Gebrauch das Gläschen selbst einmal probieren. Nur so können Sie zu 100 % sicher sein, dass das Gläschen noch gut ist. Trocken, kühl und vor Licht geschützt lassen sich die Gläschen mindestens ein halbes Jahr einlagern.

Bevorratungstipp #3

Besonders Fleischgerichte und Getreidebreie mit Milch sind für das Einkochen im Gläschen nicht geeignet. Auch die Eiswürfelform bringt Sie nicht weiter, sind die Portionen doch zu groß, die Ihr Baby haben möchte. Trotzdem können Sie Reste der Mahlzeit gut einfrieren. Besorgen Sie sich hierzu Plastikdosen in der Portionsgröße Ihres Babys. Reste, die vom Essen übrig sind, können Sie in die Plastikdosen füllen und vor dem Einfrieren gut auskühlen lassen!

Wenn Sie dann auf ein eingefrorenes Gericht zurückgreifen wollen, nehmen Sie es einfach aus dem Gefrierfach, lassen es auftauen und füllen es zum Erwärmen auf einen normalen Teller um. Das ist schon das ganze Geheimnis, welches hinter dieser Methode steckt!

Bevorratungstipp #4

Auch der Gefrierbeutel kann sich gut machen, wenn es sich um das Einfrieren von Resten handelt. Natürlich brauchen Sie nun keine Sorgen haben, dass Sie einen riesigen Klumpen einfrieren, der für eine Babyportion viel zu groß ist! Sie kochen ein Rezept aus dem Buch so, wie es in den Rezepten beschrieben ist. Reste des Gerichts geben Sie in den Gefrierbeutel und lassen diesen offen, sodass der Dampf abziehen kann. Wenn Das zukünftige Gefriergut erkaltet ist, plätten Sie es und schließen den Gefrierbeutel mithilfe eines Gummibands. Nun können Sie mit dem Messerrücken Bruchlinien einkerben und den flachen Gefrierbeutel nun glatt in das Gefrierfach legen. Wenn Sie nun eine Portion benötigen, dann öffnen Sie den Gefrierbeutel, brechen die gewünschte Portion dank der Einkerbungen ab und lassen die Portion auf einem Teller auftauen. Der Vorteil dieser Methode: Sie haben mehr Stauraum im Gefrierfach, als würden Sie mit Dosen arbeiten. Auf der anderen Seite sind Dosen geeigneter für Unterwegs. Letzten Endes bleibt es also eine Geschmackssache, wie Sie Ihre Vorräte einlagern.

Dank den verschiedenen Möglichkeiten und Portionsgrößen brauchen Sie aber kein zubereitetes Essen verwerfen. Sie haben immer einen Vorrat zur Hand, wenn Sie mal nicht kochen wollen oder können. Auch für Unterwegs eignet sich eine Bevorratung immer. Ein schneller Griff in den Vorratsschrank oder in das Gefrierfach und der Ausflug kann beginnen!

Rezepte nach dem 4. Lebensmonat

Nun möchte ich Ihnen die ersten Rezepte zum Nachkochen vorstellen. Das wird eine aufregende und spannende Zeit für Sie, immerhin ist es ein großer Entwicklungsschritt für Ihr Baby und da sind die Eltern nun einmal besonders aufgeregt.

Aber gerade, weil der erste Kontakt mit Beikost so einschneidend für alle Beteiligten ist, möchte ich Ihnen noch ein paar Dinge mit auf den Weg geben, ehe Sie wirklich an Ihr Werk gehen können.

Das Wachstum in den ersten Wochen ist beeindruckend und nahezu täglich scheint Ihr Baby neue Dinge zu entdecken und lernen. Doch für Ihr Baby bedeutet das auch, dass es viel Energie, Mineralien, Spurenelemente und Vitamine braucht, um seine Umwelt zu erkunden. Die Quelle dieser war bisher die Muttermilch oder das Fläschchen. Doch je aktiver und agiler Ihr Baby wird, umso mehr benötigt es an Nahrung. Es wird nun allmählich Zeit, mit der Beikost zu beginnen. Auch, wenn nun das erste Mal der Kochlöffel für Ihr Kind geschwungen wird, so ist die Hauptnahrungsquelle nach wie vor die Muttermilch oder das Fläschchen. Doch wie könnte eine Umstellung auf Beikost aussehen? Wichtig ist, dass Sie sie schonend angehen und nicht übereifrig werden. In etwa so könnte ein Start in die Beikost aussehen:

Empfohlene Mahlzeiten	Nach dem 4. Lebensmonat	
	1. und 2. Woche der Beikost	3. und 4. Woche der Beikost
Morgens	Stillen oder Fläschchen	Stillen oder Fläschchen
Vormittags	Stillen oder Fläschchen	Stillen oder Fläschchen
Mittags	Stillen oder Fläschchen, davor aber einen von Ihnen gekochten Gemüsebrei	Stillen oder Fläschchen, davor aber einen von Ihnen gekochten Gemüsebrei und als Nachtisch einen Fruchtbrei
Nachmittags	Stillen oder Fläschchen	Stillen oder Fläschchen
Abends	Stillen oder Fläschchen	Stillen oder Fläschchen

Quelle: Eigene Darstellung in Anlehnung an www.hipp.de

Auch, wenn Sie sich bereits darüber freuen, Ihr Baby ab sofort füttern zu können, so sollten Sie es doch ruhig angehen lassen. Gehen Sie spielerisch vor und binden Sie Ihr Baby ein. Geben Sie ihm ruhig während des Zubereitens des ersten Breis eine Möhre, die es erforschen kann. Für Ihr Baby ist die erste Beikost ein unglaubliches Geheimnis, welches gelüftet wird. Das Essen schmeckt, riecht und fühlt sich ganz anders an. Lassen Sie Ihr Baby also das Essen mit allen Sinnen erkunden.

Perfektionismus sollte aber weit entfernt bleiben! Wenn Sie Ihr Baby die ersten Löffelchen Brei geben, so gleicht das wahrscheinlich zunächst einem Massaker! Ich will Ihnen keine Angst machen, sondern Sie lediglich vorwarnen. Auch die Portionsgröße wird sich am Anfang auf ein paar wenige Löffel begrenzen. Sie brauchen also kein großes Schälchen Brei auf den Tisch stellen. Doch wundern Sie sich nicht. Für Ihr Baby ist es anstrengend, zu essen, kommen doch nun ganz andere Herausforderungen auf das kleine Lebewesen zu. Nun wird nicht mehr gesaugt, sondern die ersten Kaubewegungen müssen geschafft werden. Zudem muss der Brei mit der Zunge irgendwie in Richtung Hals geschoben werden, damit Ihr Baby den Brei runterschlucken kann. Gar nicht so einfach und deshalb ist es auch kein Wunder, dass vieles eben nicht in Babys Bauch, sondern außerhalb des Mundes landet. Doch Übung macht den Meister und auch Ihr Baby wird sich mit der Situation auseinandersetzen und somit das Essen vom Löffel im Laufe der Zeit lernen. Doch nun möchte ich Sie nicht länger von den Rezepten abhalten und wünsche Ihnen viel Freude beim Zubereiten.

Orangenes Mus aus Möhren

Das Möhrenmus ist der Klassiker unter den ersten Beikostrezepten. Das Möhrenmus wird Ihrem Baby nicht nur schmecken, es ist darüber hinaus auch sehr bekömmlich. Wenn Sie eine größere Menge Möhrenmus zubereiten möchten, so können Sie den Rest in Eiswürfelformen einfrieren und zum nächsten Gebrauch auftauen. So müssen Sie nichts verwerfen und haben Immer einen kleinen Vorrat zur Hand.

Zubereitungszeit

15 Minuten

Schwierigkeitsgrad

leicht

Zutaten

- 150-200 g Möhren
- 1 TL Rapsöl

Zubereitung

Schälen Sie die Möhren und schneiden Sie sie in kleine Stücke, denn das verkürzt die Kochzeit. Nun kochen Sie die Möhren gar. Lassen Sie sie lieber ein wenig länger kochen, damit sichergestellt ist, dass sie schön weich sind. Gießen Sie die Möhren ab und geben Sie einen Teelöffel Rapsöl an die Möhren. Manche Vitamine in den Möhren sind ausschließlich fettlöslich und können von dem Körper daher nur mithilfe von Fetten in Form von Öl oder Ähnlichem aufgenommen werden. Pürieren Sie die Möhren im Anschluss und geben Sie bei Bedarf noch etwas abgekochtes Wasser zum Brei dazu, bis das Möhrenmus eine angenehme und cremige Konsistenz hat. Nun können Sie ein wenig für das Mittagessen beiseitestellen und abkühlen lassen. Den Rest geben Sie in eine Eiswürfelform und frieren Sie diese dann ein.

Kartoffelbrei trifft auf Möhren

Kartoffel-Möhren-Brei zählt ebenfalls zu den Klassikern unter Babys erster Beikost. Die **Zubereitung** ist ebenso einfach, wie das Möhrenmus auch. Die Kartoffeln sättigen Ihr Kind wohltuend und zudem können Reste wieder in einer Eiswürfelform portioniert eingefroren werden.

Zubereitungszeit

20 Minuten

Schwierigkeitsgrad

leicht

Zutaten

- 100 g Möhren
- 100-150 g Kartoffeln
- 1 TL Rapsöl

Zubereitung

Schälen Sie die Möhren und schneiden Sie sie in kleine Stücke – das verkürzt die Kochzeit. Machen Sie es ebenso mit den Kartoffeln. Nun kochen Sie die Kartoffeln, bis sie gar sind. Nach knapp 10 Minuten der Kochzeit der Kartoffeln können Sie die Möhren mit in den Topf kochen. Kochen Sie die Möhren und Kartoffeln nun gar. Lassen Sie die Möhren und Kartoffeln lieber eine Minute länger kochen, sodass sie schön weich sind. Nun können Sie das Kochwasser abgießen und einen Teelöffel Rapsöl an die Möhren-Kartoffeln träufeln. Da manche Vitamine in den Möhren nur fettlöslich sind, können diese vom Körper nur mithilfe von Öl oder anderen Fetten aufgenommen werden. Pürieren Sie die Möhren-Kartoffeln im Anschluss und geben Sie gegebenenfalls noch etwas abgekochtes Wasser hinzu, bis der Möhren-Kartoffelbrei eine cremige Konsistenz hat.

Pastinakenhühnchen

Wenn Ihr Kind das Möhrenmus und den Kartoffel-Möhren-Brei gut vertragen hat, dann können Sie Ihrem Baby auch ein wenig mageres Fleisch anbieten. Wie Sie das Rezept kochen, erfahren Sie nun und Reste können wieder portionsweise in den Eiswürfelformen eingefroren werden.

Zubereitungszeit

20 Minuten

Schwierigkeitsgrad

leicht

Zutaten

- 150 g Pastinaken
- 100 g Hähnchenbrustfilet

Zubereitung

Die Hähnchenbrust wird zunächst gekocht. Kochen Sie die Hähnchenbrust lang genug. Innen darf es keine rohen Stellen mehr geben bezüglich der Salmonellengefahr! Schälen Sie in der Zwischenzeit die Pastinaken und schneiden Sie sie klein. Geben Sie sie in einen separaten Kochtopf und kochen Sie sie ebenfalls gar. Ist beides fertiggekocht, geben Sie die Hähnchenbrust und die Pastinaken in einen Topf oder eine Schüssel und pürieren Sie alles sehr gut. Eventuell muss noch ein wenig abgekochtes Wasser beigefügt werden, damit der Brei eine cremige Konsistenz zum Löffeln hat.

Süßkartoffeln an Kürbis mit Rind

Süßkartoffeln mit Rind sind nicht nur schmackhaft und gesund, sondern auch noch einfach in der **Zubereitung**. Sie können auch hier Reste portionsweise einfrieren.

Zubereitungszeit

20 Minuten

Schwierigkeitsgrad

leicht

Zutaten

- 150 g Süßkartoffeln
- 100 g Speisekürbisfruchtfleisch
- 100 g Rinderfilet (sehr gut mit viel Eisen)

Zubereitung

Kochen Sie als erstes das Rinderfilet gar. Achten Sie auch hier wieder darauf, dass das Fleisch vollständig durchgegart wird und keine rohen Stellen mehr im Fleisch sind. Schälen und schneiden Sie anschließend den Kürbis und die Süßkartoffeln. Kochen Sie beides, gemeinsam oder getrennt (wie es Ihnen lieber ist), gar und gießen Sie anschließend das Kochwasser ab. Geben Sie nun das Gemüse und das Fleisch zusammen in einen Topf und pürieren es zu einem cremigen Brei. Eventuell muss noch ein wenig abgekochtes Wasser beigefügt werden, damit der Brei die passende cremige Konsistenz zum Löffeln bekommt. Auch können Sie den Rest in einer Eiswürfelform einfrieren.

Zucchini-Kartoffeln auf Lammfilet

Dass kleine Babys Lamm bekommen, ist in unseren Breitengraden nicht unbedingt gang und gebe. Trotzdem dürfen Babys in dem Alter durchaus auch etwas Lamm zu sich nehmen. Es ist lecker, gesund und bekömmlich.

Zubereitungszeit

20 Minuten

Schwierigkeitsgrad

leicht

Zutaten

- 150 g Kartoffeln
- 100 g Zucchini
- 100 g Lammfilet

Zubereitung

Kochen Sie zunächst das Lammfilet gar. Achten Sie auch hier wieder darauf, dass das Fleisch vollständig durchgegart wird und keine rohen Stellen mehr im Fleisch sind. Schälen und schneiden Sie im Anschluss die Kartoffeln und schneiden Sie die Zucchini in kleine Würfel. Kochen Sie beides, gemeinsam oder getrennt (wie es Ihnen lieber ist), gar und gießen Sie das Kochwasser anschließend ab. Geben Sie nun das Gemüse und das Fleisch zusammen in einen Topf und pürieren Sie es gut zu einem cremigen Brei. Eventuell muss noch ein wenig abgekochtes Wasser beigefügt werden, damit der Brei die passende cremige Konsistenz zum Löffeln hat. Auch hier kann der Rest in einer Eiswürfelform eingefroren werden.

Mus vom Kürbis an Rind

Viele Babys mögen Kürbis aufgrund seines angenehmen milden Geschmacks. Mit Rindfleisch wird es eine perfekte Beikostmahlzeit, die Ihr Baby mit allen wichtigen Nährstoffen versorgt.

Zubereitungszeit

20 Minuten

Schwierigkeitsgrad

leicht

Zutaten

- 200 g Speisekürbisfleisch
- 100 g Rinderfilet

Zubereitung

Kochen Sie zunächst das Rinderfilet gar. Achten Sie auch hier wieder darauf, dass das Fleisch vollständig durchgegart wird und keine rohen Stellen mehr im Fleisch sind. Schälen und schneiden Sie im Anschluss den Kürbis in kleine Würfel. Kochen Sie ihn gar und gießen Sie das Kochwasser anschließend ab. Geben Sie nun das Gemüse und das Fleisch zusammen in einen Topf und pürieren Sie es gut zu einem cremigen Brei. Eventuell muss noch ein wenig abgekochtes Wasser beigefügt werden, damit der Brei die passende cremige Konsistenz zum Löffeln hat. Auch hier kann der Rest in einer Eiswürfelform eingefroren werden.

Orangener Kartoffel-Kürbisbrei mit Huhn

Kürbis und Möhren finden eine perfekte Ergänzung zueinander. Das Hühnchen ist das besondere Highlight.

Zubereitungszeit

20 Minuten

Schwierigkeitsgrad

leicht

Zutaten

- 100 g Möhren
- 100 g Speisekürbisfleisch
- 100 g Hühnerfilet
- 1 TL Rapsöl

Zubereitung

Kochen Sie zunächst das Hühnerfilet gar. Achten Sie auch hier wieder darauf, dass das Fleisch vollständig durchgegart wird und keine rohen Stellen mehr im Fleisch sind. Schälen und schneiden Sie im Anschluss die Möhren und schneiden Sie den Kürbis in kleine Würfel. Kochen Sie beides, gemeinsam oder getrennt (wie es Ihnen lieber ist), gar und gießen Sie das Kochwasser anschließend ab. Geben Sie nun das Gemüse und das Fleisch zusammen in einen Topf und pürieren Sie es gut zu einem cremigen Brei. Eventuell muss noch ein wenig abgekochtes Wasser beigefügt werden, damit der Brei die passende cremige Konsistenz zum Löffeln hat. Auch hier kann der Rest in einer Eiswürfelform eingefroren werden.

Grüner Gurken-Zucchinibrei mit Möhren

Gurken zum Kochen, wo gibt es denn sowas? Natürlich bei Babys erster Beikost! Dieses kulinarische Highlight für Ihr Baby wird sicher öfters auf den Tisch kommen.

Zubereitungszeit

20 Minuten

Schwierigkeitsgrad

leicht

Zutaten

- 100 g Möhren
- 100 g Zucchini
- 100 g Gurken
- 1 TL Rapsöl

Zubereitung

Schälen Sie die Möhren und schneiden Sie sie in kleine Stücke, denn das verkürzt die Kochzeit. Verfahren Sie ebenso mit den Zucchini und der Gurke. Kochen Sie beides, gemeinsam oder getrennt (wie es Ihnen lieber ist), gar und gießen Sie das Kochwasser anschließend ab. Geben Sie nun das Gemüse und einen Teelöffel Rapsöl zusammen in einen Topf und pürieren Sie es gut zu einem cremigen Brei. Eventuell muss noch ein wenig abgekochtes Wasser beigefügt werden, damit der Brei die passende cremige Konsistenz zum Löffeln hat. Auch hier kann der Rest in einer Eiswürfelform eingefroren werden.

Apfelmus

Jedes Baby kommt um das Apfelmus nicht drum herum. Selbst Mama und Papa mögen es! Sie werden erstaunt sein, wie lecker er ist und das ganz ohne raffinierten Zucker!

Zubereitungszeit

60 Minuten

Schwierigkeitsgrad

leicht

Zutaten

- 8-10 Äpfel

Zubereitung

Schälen und entkernen Sie die Äpfel. Schneiden Sie sie anschließend in kleine Stücke und geben Sie die Stückchen in einen Topf. Fügen Sie noch eine Tasse Wasser in den Topf bei. Stellen Sie aber noch mehr Wasser bereit, denn es kann sein, dass Sie während des Kochens immer mal wieder etwas Wasser auffüllen müssen. Als nächstes kochen Sie alles für knapp 60 Minuten ein. Das Apfelmus braucht nicht sprudelnd kochen, sondern nur köcheln. Überprüfen Sie immer mal wieder, ob möglicherweise noch Wasser beigefügt werden muss und rühren Sie in regelmäßigen Abständen das Apfelmus durch. Sie können nach der Kochzeit entweder das Apfelmus pürieren oder einmal kräftig mit dem Kochlöffel durchrühren, sodass keine Stückchen mehr vorhanden sind.

Auch hier kann der Rest mithilfe einer Eiswürfelform eingefroren werden. Ebenfalls ist es möglich, das Apfelmus in kleine Gläschen abzufüllen, zu verschrauben und für 10 Minuten auf den Deckel zu stellen. Drehen Sie dann das Glas um. Während das Apfelmus im Gläschen herunterkühlt, wird der Deckel ploppen. Dieses Ploppen ist ein sicheres Zeichen, dass das Gläschen gut versiegelt ist. Auch wenn das Gläschen geploppt hat, sollten Sie es aber vor Gebrauch einmal selbst testen. Die Apfelmusgläschen lassen sich kühl, trocken und geschützt vor Licht bis zu einem Jahr aufbewahren.

Birnenmus

Was mit Äpfeln klappt, geht auch mit Birnen. Birnenmus schmeckt nämlich ebenso gut. Sie können das Mus auf Vorrat kochen, so können Sie es später auch gut über den Brei geben, eben als fruchtiges Topping.

Zubereitungszeit

30 Minuten

Schwierigkeitsgrad

leicht

Zutaten

- 12-15 Birnen

Zubereitung

Schälen und entkernen Sie die Birnen. Schneiden Sie sie anschließend in kleine Stücke und geben Sie die Stückchen in einen Topf. Fügen Sie noch eine Tasse Wasser in den Topf bei. Stellen Sie aber noch mehr Wasser bereit, denn es kann sein, dass Sie während des Kochens immer mal wieder etwas Wasser auffüllen müssen. Als nächstes kochen Sie alles für knapp 30 Minuten ein. Das Birnenmus braucht nicht sprudelnd kochen, sondern nur köcheln. Überprüfen Sie immer mal wieder, ob möglicherweise noch Wasser beigefügt werden muss und rühren Sie in regelmäßigen Abständen das Birnenmus durch. Sie können nach der Kochzeit entweder das Birnenmus pürieren oder einmal kräftig mit dem Kochlöffel durchrühren, sodass keine Stückchen mehr vorhanden sind.

Auch hier kann der Rest mithilfe einer Eiswürfelform eingefroren werden. Ebenfalls ist es möglich, das Birnenmus in kleine Gläschen abzufüllen, zu verschrauben und für 10 Minuten auf den Deckel zu stellen. Drehen Sie dann das Glas um. Während das Birnenmus im Gläschen herunterkühlt, wird der Deckel ploppen. Dieses Ploppen ist ein sicheres Zeichen, dass das Gläschen gut versiegelt ist. Auch wenn das Gläschen geploppt hat, sollten Sie es aber vor Gebrauch einmal selbst testen. Die Birnenmusgläschen lassen sich kühl, trocken und geschützt vor Licht bis zu einem Jahr aufbewahren.

Banane an Pflaume

Auch Ihr Baby darf an die lila Frucht herangeführt werden. Ihrem Baby wird das besonders gut mit der Banane schmecken. Die beiden süßen und trotzdem intensiven Früchte werden eine kleine Geschmacksexplosion auslösen. Wetten, dass dieser Brei das neue Leibgericht Ihres Babys wird?

Zubereitungszeit

50 Minuten

Schwierigkeitsgrad

leicht

Zutaten

- 200 g Pflaumen, entsteint (nur frische Pflaumen verwenden)
- 1-2 Bananen

Zubereitung

Schälen und entsteinen Sie die Pflaumen und lösen Sie die Schale von der Banane ab. Schneiden Sie sie anschließend in kleine Stücke und geben Sie die Stückchen in einen Topf. Fügen Sie noch eine Tasse Wasser in den Topf bei. Stellen Sie aber noch mehr Wasser bereit, denn es kann sein, dass Sie während des Kochens immer mal wieder etwas Wasser auffüllen müssen. Als nächstes kochen Sie alles für knapp 50 Minuten ein. Das Mus braucht nicht sprudelnd kochen, sondern nur köcheln. Überprüfen Sie immer mal wieder, ob möglicherweise noch Wasser beigefügt werden muss und rühren Sie in regelmäßigen Abständen das Mus durch. Sie können nach der Kochzeit entweder das Mus pürieren oder einmal kräftig mit dem Kochlöffel durchrühren, sodass keine Stückchen mehr vorhanden sind.

Auch hier kann der Rest mithilfe einer Eiswürfelform eingefroren werden. Ebenfalls ist es möglich, das Mus in kleine Gläschen abzufüllen, zu verschrauben und für 10 Minuten auf den Deckel zu stellen. Drehen Sie dann das Glas um. Während das Mus im Gläschen herunterkühlt, wird der Deckel ploppen. Dieses Ploppen ist ein sicheres Zeichen, dass das Gläschen gut versiegelt ist. Auch wenn das Gläschen geploppt hat, sollten Sie es aber vor Gebrauch einmal selbst testen. Die Musgläschen lassen sich kühl, trocken und geschützt vor Licht bis zu einem Jahr aufbewahren.

Heidelbeerbrei mit Birne

Mit diesem Rezept wird es heimisch. Sie können diesen Brei aus heimischen Früchten, sogar saisonal zubereiten. Es braucht also keine lange Anreise, sondern kann fast vom Busch oder Baum in den Kochtopf!

Zubereitungszeit

30 Minuten

Schwierigkeitsgrad

leicht

Zutaten

- 12 Birnen
- 100 g frische Heidelbeeren

Zubereitung

Schälen und entkernen Sie die Birnen. Schneiden Sie sie anschließend in kleine Stücke und geben Sie die Stückchen gemeinsam mit den Heidelbeeren in einen Topf. Fügen Sie noch eine Tasse Wasser in den Topf bei. Stellen Sie aber noch mehr Wasser bereit, denn es kann sein, dass Sie während des Kochens immer mal wieder etwas Wasser auffüllen müssen. Als nächstes kochen Sie alles für knapp 30 Minuten ein. Das Mus braucht nicht sprudelnd kochen, sondern nur köcheln. Überprüfen Sie immer mal wieder, ob möglicherweise noch Wasser beigefügt werden muss und rühren Sie in regelmäßigen Abständen das Mus durch. Sie können nach der Kochzeit entweder das Mus pürieren oder einmal kräftig mit dem Kochlöffel durchrühren, sodass keine Stückchen mehr vorhanden sind.

Auch hier kann der Rest mithilfe einer Eiswürfelform eingefroren werden. Ebenfalls ist es möglich, das Mus in kleine Gläschen abzufüllen, zu verschrauben und für 10 Minuten auf den Deckel zu stellen. Drehen Sie dann das Glas um. Während das Mus im Gläschen herunterkühlt, wird der Deckel ploppen. Dieses Ploppen ist ein sicheres Zeichen, dass das Gläschen gut versiegelt ist. Auch wenn das Gläschen geploppt hat, sollten Sie es aber vor Gebrauch einmal selbst testen. Die Musgläschen lassen sich kühl, trocken und geschützt vor Licht bis zu einem Jahr aufbewahren.

Apfel-Möhren-Brei

Apfel und Möhre, das ist eine Kombination, die sich sehen lässt! Die meisten Babys lieben diese nahrhafte Kombination aus Gemüse und Frucht. Wenn Sie sich wundern, warum auch hier die Kochzeit so lange ist, dann ist das dem Umstand geschuldet, dass die Möhren besonders bekömmlich werden, wenn Sie mindestens eine Stunde lang kochen. Da der Magen-Darm-Trakt Ihres Babys noch sehr sensibel ist, sollten Sie ihm auf diese Weise entgegenkommen. Möhrenbrei wird übrigens auch für eine Stunde eingekocht, wenn sich eine Magendarmgrippe anbahnt.

Zubereitungszeit

60 Minuten

Schwierigkeitsgrad

leicht

Zutaten

- 6 Äpfel
- 100g Möhren
- 1 TL Rapsöl

Zubereitung

Schälen und entkernen Sie die Äpfel. Schneiden Sie sie anschließend in kleine Stücke und geben Sie die Stückchen in einen Topf. Schälen Sie ebenfalls die Möhren und schneiden Sie diese in fingerdicke Stücke. Fügen Sie die Möhren mit in den Topf und geben Sie noch eine Tasse Wasser hinzu. Stellen Sie aber noch mehr Wasser bereit, denn es kann sein, dass Sie während des Kochens immer mal wieder etwas Wasser auffüllen müssen. Als nächstes kochen Sie alles für knapp 60 Minuten ein. Der Brei braucht nicht sprudelnd kochen, sondern nur köcheln. Überprüfen Sie immer mal wieder, ob möglicherweise noch Wasser beigefügt werden muss und rühren Sie in regelmäßigen Abständen den Brei durch. Sie können nach der Kochzeit entweder den Brei pürieren oder einmal kräftig mit dem Kochlöffel durchrühren, sodass keine Stückchen mehr vorhanden sind.

Auch hier kann der Rest mithilfe einer Eiswürfelform eingefroren werden. Ebenfalls ist es möglich, den Brei in kleine Gläschen abzufüllen, zu verschrauben und für 10 Minuten auf den Deckel zu stellen. Drehen Sie dann das Glas um. Während der Brei im Gläschen herunterkühlt, wird der Deckel ploppen. Dieses Ploppen ist ein sicheres Zeichen, dass das Gläschen gut versiegelt ist. Auch wenn das Gläschen geploppt hat, sollten Sie es aber vor Gebrauch einmal selbst testen. Die Breigläschen lassen sich kühl, trocken und geschützt vor Licht bis zu einem Jahr aufbewahren.

Ihre eigene Kreativität ist gefragt

Die gerade präsentierten Rezepte sind Vorschläge und sollen als Anregung verstanden werden. Sie können hier nämlich sehr gut Ihre eigenen Kreationen einbringen.

Im Laufe der ersten Beikost haben Sie sicher ein Gefühl dafür bekommen, was die kulinarischen Highlights Ihres Babys sind. Was mag es besonders gerne? Das lässt sich natürlich auf der Speisekarte berücksichtigen. Sie können Fleisch, Obst und Gemüse frei variieren und damit Sie wissen, welche Fleisch-, Obst- und Gemüsesorten jetzt die Richtigen für das Alter Ihres Babys ist, möchte ich Ihnen diese noch einmal übersichtlich in dieser Tabelle aufzeigen:

Obst	**Gemüse**	**Fleisch**
Apfel Banane Birnen Avocado Heidelbeeren Pflaumen	Kartoffeln Süßkartoffeln Gurke Pastinake Kürbis Möhren Zucchini	Hühnerfilet Rinderfilet Lammfilet

Rezepte ab dem 6. Lebensmonat

Die ersten Monate mit der ersten Beikost sind wie im Flug vergangen. Nun ist Ihr Baby schon ein halbes Jahr alt und hat in dieser Zeit vieles gelernt und erlebt. Nun wird es Zeit, dass auch die Vielfalt auf dem Teller zunimmt. Für Sie bedeutet das, dass sich nun mehr Obst und Gemüse auf dem Speiseplan Ihres Babys befinden darf.

Natürlich ist das Stillen oder das Fläschchen nach wie vor noch wichtig für Ihr Baby und es stellt immer noch die Hauptmahlzeit dar, doch nun können Sie damit beginnen, die Mittagsmahlzeit vollständig durch die Beikost zu ersetzen. Wichtig ist hier aber: Bieten Sie Ihrem Baby zusätzlich zu der Beikost etwas Wasser oder ungesüßten Tee an.

Sobald Ihr Baby gut mit der mittäglichen Beikost zurechtkommt, dürfen Sie auch gerne damit beginnen, abends einen Getreidebrei anzubieten. Dieser sättigt Ihr Baby nicht nur gut, sondern versorgt Ihr Baby zudem mit weiteren wichtigen Nährstoffen, die es braucht, um in das Abenteuer Leben durchzustarten.

Auch, wenn die Vielfalt auf dem Teller nun bunter und größer geworden ist, brauchen Sie die bereits angelegten Vorräte nicht verwerfen. Sie stellen immer noch eine gute Bezugsquelle dar. So können Sie das Apfelmus gut über den abendlichen Getreidebrei geben. Doch auch bei den hier genannten Rezepten können Sie gut auf Vorrat einkochen. Allerdings wird sich die Portionsgröße ändern. Mit einer Eiswürfelform kommen Sie nun nicht mehr weit. Ich habe Ihnen verschiedene Techniken zur

Bevorratung vorgestellt. Hier eignet sich nun die Technik mit dem Gefrierbeutel. Auch die Gläschen sind nach wie vor eine gute Methode!

Auch, wenn Ihr Baby nun nach mehr Beikost verlangt, da das Stillen oder das Fläschchen nicht mehr ausreichen, um den Hunger Ihres Babys zu stillen, ist dies doch kein Freifahrtschein! Mit der ersten Beikost hat Ihr Baby ein Sättigungsgefühl erlernt. Sie sollten Ihrem Baby daher nur so viel geben, wie es tatsächlich möchte. Bei allen guten Absichten, die sich hinter dem Vollstopfen auch verbergen mögen, schaden Sie Ihrem Baby aber nur damit. Ist Ihr Baby satt, stellen Sie die Beikost zur Seite und stopfen Sie Ihr Baby nicht voll.

Doch genug jetzt der langen Vorreden. Sie sind sicher gespannt auf die neue kulinarische Vielfalt, welche Sie und Ihr Kind erwartet.

Mais-Reis-Hühnchen

Die bunte Farbe auf dem Teller wird jetzt sogar sichtbar! Beikost muss nun nicht mehr cremig püriert werden! Stattdessen sind kleine Stückchen erlaubt und auch erwünscht. So kann Ihr Baby die kleinen Nahrungsstückchen mit der Zunge am Gaumen selbst zerdrücken. Und wieder steht der neue Entwicklungsschritt an. Dazu eignet sich dieses Rezept gut.

Zubereitungszeit

20 Minuten

Schwierigkeitsgrad

leicht

Zutaten

- 100 g Reis
- 80 g Hühnerbrustfilet
- 2-3 EL Maiskörner

Zubereitung

Kochen Sie die Hähnchenbrust wieder, bis sie komplett gar ist. Auch hier dürfen wieder keine rohen Stellen am Fleisch sein aufgrund der Gefahr, dass sich Ihr Baby Salmonellen einfängt. Kochen Sie inzwischen den Kochbeutelreis nach Packungsanleitung. Kochbeutelreis ist weicher in der Konsistenz, als anderer Reis und somit kann Ihr Baby ihn einfacher mit der Zunge am Gaumen zerdrücken. Kochen Sie nun die Maiskörner kurz ab und fügen Sie sie zu dem gekochten Reis und der gekochten Hühnerbrust bei. Pürieren Sie alles so, dass der Brei mit ein paar kleinen Stückchen versehen ist. Fügen Sie gegebenenfalls noch etwas abgekochtes Wasser bei, bis der Brei eine gute Konsistenz zum Löffeln erreicht hat.

Füllen Sie die gewünschte Menge Brei für die Mittagsmahlzeit ab und den Rest können Sie entweder mit der genannten Gefrierbeutelmethode oder in kleinen Plastikdöschen einfrieren.

Kartoffelbrei an Möhren mit Hackfleisch

Fast mutet es an die Frikadellen. Aber nur fast. Der Unterschied liegt darin, dass es hier keine Gewürze gibt und auch die Zwiebeln werden bewusst weggelassen. Doch wenn Mama und Papa einmal probieren möchten, dann können Sie es sich einfach nachwürzen und auch eine Portion des Breis essen.

Zubereitungszeit

20 Minuten

Schwierigkeitsgrad

leicht

Zutaten

- 100 g Kartoffeln
- 80 g Möhren
- 100 g Hackfleisch (Rind, Lamm, Geflügel oder wonach Ihnen auch immer ist)
- etwas 3,5 %-ige Vollmilch für den Kartoffelbrei

Zubereitung

Schälen und zerkleinern Sie die Kartoffeln und Möhren, wie es bereits mehrfach in diesem Buch beschrieben wurde. Kochen Sie im Anschluss beides in einem Topf gar. Während das Gemüse kocht, können Sie das Hackfleisch schonend anbraten. Achten Sie unbedingt darauf, dass kein zusätzliches Fett mit in die Pfanne gegeben werden muss. Auch sollte das Hackfleisch nicht scharf angebraten, sondern eher gedünstet werden. Sollten Sie das Gefühl haben, dass das Hackfleisch zu scharf anbrät, dann fügen Sie einfach ein wenig Wasser hinzu. So kann das Hackfleisch garen, aber nicht scharf anbraten.

Ist alles gargekocht, vermischen Sie wieder alle **Zutaten** in einen Topf und vergessen Sie die 1-2 EL 3,5 %-ige Vollmilch nicht. Pürieren Sie alles so, dass der Brei mit ein paar kleinen Stückchen versehen ist. Fügen Sie gegebenenfalls noch etwas abgekochtes Wasser bei, bis der Brei eine gute Konsistenz zum Löffeln erreicht hat.

Füllen Sie die gewünschte Menge Brei für die Mittagsmahlzeit ab und den Rest können Sie entweder mit der genannten Gefrierbeutelmethode oder in kleinen Plastikdöschen einfrieren.

Spinatnudeln mit Fisch

Nun darf sich Ihr Baby erstmals auch an den Fisch herantrauen. Mit dem Fisch ist es so eine Sache: Manche Kinder lieben ihn und bei anderen Kindern können Sie sich auf den Kopf stellen, Sie werden den Fisch nicht in das Kind hineinbekommen. Das ist aber legitim, denn immerhin mögen Sie ja auch nicht alles, oder? Wie heißt es so schön? Probieren geht über Studieren und deshalb möchte ich Ihnen nun dieses Rezept vorstellen.

Zubereitungszeit

20 Minuten

Schwierigkeitsgrad

leicht

Zutaten

- 50 g kleine Nudeln
- 100 g Fisch (zum Beispiel Seelachsfilet)
- 100 g Blattspinat

Zubereitung

Dünsten Sie den Fisch, bis er durchgegart ist. In der Zwischenzeit kochen Sie die Nudeln und den Spinat. Verwenden Sie frischen Blattspinat, dann muss dieser vorher unbedingt einmal gewaschen werden, da sich Sand und Erde zwischen den Blättern befindet. Bei TK-Spinat entfällt dieser Schritt. Wenn alles gargekocht ist, geben Sie wieder alle Zutaten zusammen. Pürieren Sie alles so, dass der Brei mit ein paar kleinen Stückchen versehen ist. Fügen Sie gegebenenfalls noch etwas abgekochtes Wasser bei, bis der Brei eine gute Konsistenz zum Löffeln erreicht hat.

Füllen Sie die gewünschte Menge Brei für die Mittagsmahlzeit ab und den Rest können Sie entweder mit der genannten Gefrierbeutelmethode oder in kleinen Plastikdöschen einfrieren.

Bologness für Babys

Nicht nur für Erwachsene und Kinder ist eine Bolognese ein absolutes Highlight, sondern auch für Ihr Baby. Natürlich wird hier nicht gewürzt, wie man es von der herkömmlichen Bolognese kennt. Trotzdem wird sie Ihrem Baby schmecken.

Zubereitungszeit

20 Minuten

Schwierigkeitsgrad

leicht

Zutaten

- 3 EL kleine Nudeln
- 1 Möhre
- 2 EL kleingeschnittener Sellerie
- 4 EL passierte Tomaten
- 1 Scheibe magerer Kochschinken oder 50 g Hackfleisch (schonend angebraten)

Zubereitung

Den Sellerie und die Möhre schälen Sie und schneiden ihn anschließend klein. Nun kann das Gemüse gemeinsam in einem Topf gekocht werden. Kochen Sie anschließend die Nudeln, bis sie weich sind. Nun kommt es darauf an, ob Sie sich für Schinken oder Hackfleisch entschieden haben. Wenn Sie sich für Hackfleisch entscheiden, dann braten Sie dieses schonend an. Ist Ihre Wahl auf den Schinken gefallen, dann schneiden Sie den in kleine Scheiben. Sobald das Gemüse gar ist, gießen Sie es ab und fügen den Schinken beziehungsweise das Hackfleisch zusammen mit den 4 EL passierten Tomaten mit hinzu. Lassen Sie alles noch einmal aufkochen und fügen Sie dann die Nudeln in die Soße. Pürieren Sie alles so, dass der Brei mit ein paar kleinen Stückchen versehen ist. Fügen Sie gegebenenfalls noch etwas abgekochtes Wasser bei, bis der Brei eine gute Konsistenz zum Löffeln erreicht hat.

Füllen Sie die gewünschte Menge Brei für die Mittagsmahlzeit ab und den Rest können Sie entweder mit der genannten Gefrierbeutelmethode oder in kleinen Plastikdöschen einfrieren.

Gemüse-Allerlei

Nicht immer muss es Fleisch sein. Auch, wenn das Fleisch wichtig für Ihr Baby ist, so kann ein fleischfreies Gericht ebenso gut schmecken. Außerdem können Sie nach Belieben Fisch oder Fleisch beifügen. Sie haben also die Wahl!

Zubereitungszeit

20 Minuten

Schwierigkeitsgrad

leicht

Zutaten

- 50 g Möhren
- 50 g Kürbis
- 50 g Kartoffeln
- 4 EL TK Erbsen
- 50 g Zucchini
- 50 ml 3,5 %-ige Vollmilch
- 2 TL Rapsöl

Zubereitung

Schälen und schneiden Sie die Möhren, den Kürbis, die Kartoffeln und die Zucchini. Geben Sie das Gemüse in einen Topf, fügen Sie noch etwas Wasser hinzu und lassen Sie alles für 10 Minuten köcheln. Anschließend geben Sie die Erbsen mit in den Topf und lassen alles einmal kurz aufkochen. Ist das Gemüse durchgegart, so können Sie nun das Wasser abgießen und das Öl sowie die Milch beifügen. Pürieren Sie alles so, dass der Brei mit ein paar kleinen Stückchen versehen ist. Fügen Sie gegebenenfalls noch etwas abgekochtes Wasser bei, bis der Brei eine gute Konsistenz zum Löffeln erreicht hat.

Füllen Sie die gewünschte Menge Brei für die Mittagsmahlzeit ab und den Rest können Sie entweder mit der genannten Gefrierbeutelmethode oder in kleinen Plastikdöschen einfrieren.

Avocado-Bananenbrei unter 5 Minuten

Dieses Rezept ist unglaublich einfach, da die Kochzeit hier entfällt. Außerdem besteht es auch gerade einmal aus nur zwei Zutaten! Der perfekte Snack für Ihr Baby und natürlich für Mama und Papa.

Zubereitungszeit

5 Minuten

Schwierigkeitsgrad

leicht

Zutaten

- 1 reife Avocado
- 2 Bananen

Zubereitung

Schneiden Sie die Avocado mittig auf und lösen Sie das Fruchtfleisch mithilfe eines Löffels aus der Schale. Nun schälen Sie zwei Bananen und zerdrücken diese gemeinsam mit der Avocado zu einem Brei. Alternativ können Sie es auch so pürieren, dass der Brei mit ein paar kleinen Stückchen versehen ist. Fügen Sie gegebenenfalls noch etwas abgekochtes Wasser bei, bis der Brei eine gute Konsistenz zum Löffeln erreicht hat.

Füllen Sie die gewünschte Menge Brei für die Mahlzeit ab und den Rest können Sie entweder mit der genannten Gefrierbeutelmethode oder in kleinen Plastikdöschen einfrieren.

Dinkelbrei mit Banane

Jetzt wird es höchste Zeit für den ersten Getreidebrei. Dinkel gilt hier als besonders bekömmlich und eignet sich aus diesem Grund besonders gut als allererste Getreidemahlzeit. Allerdings hat der Getreidebrei einen kleinen Haken: Er lässt sich nicht gut einfrieren oder in Gläschen portioniert aufbewahren. Bereiten Sie daher Getreidebreie – unabhängig von diesem Brei – immer frisch zu.

Zubereitungszeit

15 Minuten

Schwierigkeitsgrad

leicht

Zutaten

- 20 g Dinkelflocken
- 100 g Bananen
- 5 g Butter
- 90 ml 3,5 %-ige Vollmilch

Zubereitung

Kochen Sie die Dinkelflocken mit 90 ml 3.5 %-iger Vollmilch auf und lassen Sie das Ganze knapp 2 Minuten leicht köcheln. Im Anschluss schälen Sie die Banane(n) und geben Sie sie durchgebrochen in den Dinkelbrei. Nun fügen Sie noch ein kleines Flöckchen Butter hinzu und pürieren Sie alles einmal grob durch. Natürlich muss der Brei nun etwas abkühlen, ehe Ihr Baby ihn zu sich nehmen kann. Ein guter Tipp, um festzustellen, ob der Brei die passende Temperatur zum Füttern erreicht hat: Rühren Sie den Brei einmal um und nehmen Sie ein wenig mit einem Löffel ab. Führen Sie den Löffel zu Ihren Lippen. Fühlt der Brei sich nur noch angenehm lauwarm an, kann Ihr Baby den Brei bedenkenlos zu sich nehmen.

Reisflockenbrei mit Birne-Vanille-Soße

Reisflocken sind wohltuend sättigend. Dazu lässt sich dieser Brei ausnahmsweise auf Vorrat zubereiten. Aus einem Rezept bekommen Sie in etwa 5 Portionen Brei.

Zubereitungszeit

15 Minuten

Schwierigkeitsgrad

leicht

Zutaten

- 800 ml 3,5 %-ige Vollmilch
- 80 g Reisflocken
- 100 g Birnen
- Mark einer Vanilleschote

Zubereitung

Kochen Sie zuerst die Milch auf. Nehmen Sie dann den Topf von der Kochstelle und fügen Sie die Reisflocken unter ständigem Rühren zur Milch hinzu und lassen es gut quellen. In der Zwischenzeit werden die Birnen geschält, das Gehäuse entfernt und grob kleingeschnitten. Pürieren Sie alles so, dass der Brei mit ein paar kleinen Stückchen versehen ist. Fügen Sie gegebenenfalls noch etwas abgekochtes Wasser bei, bis der Brei eine gute Konsistenz zum Löffeln erreicht hat.

Schneiden Sie die Vanilleschote der Länge nach auf, kratzen das Mark mithilfe eines Messers heraus und rühren Sie es unter das Birnenmus. Das Birnen-Vanille-Mus können Sie nun unter den Reisflockenbrei rühren und in 5 Portionen aufteilen. 4 Portionen können Sie umgehend einfrieren und eine Portion stellen Sie zum Verfüttern beiseite.

Apfel-Pfirsich-Brei

Pfirsiche kommen nicht nur bei Kindern gut an, sondern auch bei Babys. Die liebliche Frucht schmeckt süß und eignet sich aus diesem Grund herrlich als Soße zum Brei. Aber auch als Fruchtmahlzeit eignet sich dieser Brei hervorragend.

Zubereitungszeit

30 Minuten

Schwierigkeitsgrad

leicht

Zutaten

- 6 Pfirsiche
- 2 Äpfel
- etwas Wasser
- 1 TL Rapsöl

Zubereitung

Legen Sie die Pfirsiche in eine Schüssel und kochen Sie Wasser mit dem Wasserkocher auf. Übergießen Sie die Pfirsiche mit dem kochenden Wasser und lassen Sie sie einen Augenblick so im heißen Wasser ruhen. In der Zwischenzeit schälen und entkernen Sie die Äpfel. Schneiden Sie sie in kleine Stücke und geben Sie die Apfelstückchen in einen Topf mit etwas Wasser. Kochen Sie das Ganze auf und lassen Sie es gute 20 Minuten weiterhin köcheln. Während die Äpfel vor sich hin kochen, schenken Sie wieder dem Pfirsich Ihre Aufmerksamkeit. Lösen Sie vorsichtig die Schale vom Pfirsich und schneiden Sie ihn in Stücke. Achtung: Kern entfernen. Geben Sie die Pfirsichstückchen zu den Äpfeln in den Topf und kochen Sie sie kurz mit. Fügen Sie während des Kochens immer mal etwas Wasser zu den Apfel-Pfirsichen hinzu, sofern das nötig ist. Nehmen Sie den Topf vom Herd und geben Sie 1 TL Öl hinzu. Pürieren Sie alles so, dass der Brei mit ein paar kleinen Stückchen versehen ist. Fügen Sie gegebenenfalls noch etwas abgekochtes Wasser bei, bis der Brei eine gute Konsistenz zum Löffeln erreicht hat.

Nun können Sie die gewünschte Menge für den direkten Verzehr beiseitestellen. Der Rest kann entweder in Gläschen abgefüllt und konserviert werden oder Sie geben den Brei wieder in die Eiswürfelform und frieren ihn ein. Das Einfrieren in der Eiswürfelform lohnt sich besonders dann, wenn er später als Soße genutzt werden soll.

Mango-Mus

Mangos sind aromatisch und süß. Kein Wunder, dass Ihr Baby diesen Brei mit sehr großer Wahrscheinlichkeit mögen wird. Dieser Brei eignet sich übrigens auch sehr gut als Fruchtsoße zu einem Getreidebrei der später zu einem Joghurt!

Zubereitungszeit

5 Minuten

Schwierigkeitsgrad

leicht

Zutaten

- 2 große Mangos
- 1 TL Rapsöl

Zubereitung

Schälen und entsteinen Sie die Mangos zunächst. Geben Sie dann die Mangostücke in ein hohes Rührgefäß. Fügen Sie ein wenig Wasser und einen Teelöffel Öl hinzu und pürieren Sie alles zu einem Fruchtbrei. Diesen können Sie nun direkt verfüttert oder aber Sie frieren ihn ein und verwenden ihn als Soße für diverse Getreidebreie oder später auch für Joghurt. Wenn Sie der Mangobrei lieber in Gläschen wissen wollen, dann müssen Sie den Mangobrei zuvor für 5 Minuten sprudeln kochen lassen, ihn dann in Gläschen umfüllen und verschließen. Stellen Sie die Gläschen wieder für 10 Minuten auf den Kopf und drehen Sie sie dann um.

Während der Mangobrei im Gläschen herunterkühlt, wird der Deckel ploppen. Dieses Ploppen ist ein sicheres Zeichen, dass das Gläschen gut versiegelt ist. Auch wenn das Gläschen geploppt hat, sollten Sie es aber vor Gebrauch einmal selbst testen. Die Breigläschen lassen sich kühl, trocken und geschützt vor Licht bis zu einem Jahr aufbewahren.

Das erste Brot für Ihr Baby

Natürlich sollte hier kein Vollkornbrot mit ganzen Körnern in Babys Hände gelangen. Doch Babybrötchen sind durchaus erlaubt. Auch, wenn das Rezept zeitintensiv ist, so backen Sie die Brötchen doch auf Vorrat. Sie haben also einmal Zeit investiert und können lange davon profitieren. Der Vorteil liegt dabei auf der Hand: Sie wissen, welche Zutaten Sie verarbeitet haben und haben immer einen kleinen Vorrat für unterwegs zur Verfügung.

Zubereitungszeit

90 Minuten

Schwierigkeitsgrad

leicht

Zutaten

- 200 ml Möhrensaft
- 450 g Dinkelmehl Typ 630
- 1 Päckchen Trockenhefe oder ein Würfel frische Hefe
- 1 EL Rapsöl

Zubereitung

Geben Sie das Mehl in eine Schüssel und rühren Sie die Trockenhefe ein. Erwärmen Sie dann den Möhrensaft in der Mikrowelle, sodass er gut warm, aber nicht heiß ist. Wenn Sie frische Hefe verwenden, dann rühren Sie diese direkt in den warmen Möhrensaft ein. Nun geben Sie den Möhrensaft und das Öl zu dem Mehl und bearbeiten den Teig mit den Knethaken und dem Mixer für gut fünf Minuten, sodass er zu einem glatten Teig verarbeitet wird. Lassen Sie den Teig nun für 45 Minuten bei Zimmertemperatur gehen. Das Teigvolumen wird sich in der Zwischenzeit deutlich vergrößert haben. Kneten Sie ihn nach der Ruhezeit noch einmal durch und heizen Sie den Backofen auf 170 °C Ober-/ Unterhitze vor. Formen Sie nun aus dem Teig Brötchen in der Größe Ihrer Wahl. Legen Sie sie auf ein mit Backpapier ausgelegtes Backblech und geben Sie das Blech samt Brötchen für 15 Minuten zum Backen in den Ofen. Lassen Sie die Brötchen auskühlen, ehe Ihr Baby sie bekommt. So verbrennt sich Ihr Baby nicht an den heißen Brötchen.

Babykekse

Kekse sind etwas Feines. Kein Wunder, dass die Kleinen so hinter dem süßen Knabbergebäck hinterher sind. Wenn Sie aber im Supermarkt Babykekse kaufen und sich ansehen, welche Zutaten ein sogenannter Babykeks enthält, dann legt man sie ganz schnell wieder zurück ins Regal. Gut, dass es nicht nur eine gesündere, sondern auch günstigere Alternative zum Fertigprodukt gibt. Darum möchte ich Ihnen hier nun das Rezept vom Babykeks vorstellen.

Zubereitungszeit

40 Minuten

Schwierigkeitsgrad

leicht

Zutaten

- 1 kleine Banane
- 200 g Dinkelmehl Typ 630
- 100 g Butter

Zubereitung

Geben Sie alle Zutaten in eine Schüssel und kneten Sie aus ihnen einen glatten Keksteig. Nun können Sie den Teig auf einer bemehlten Arbeitsfläche ausrollen und mithilfe von Ausstechförmchen verschiedene Kekse ausstechen. Sie können aber ebenfalls Sticks aus dem Teig schneiden. Die Keksrohlinge setzen Sie dann auf ein mit Backpapier ausgelegtes Backblech und schieben sie dann in den auf 200 °C Ober-/Unterhitze vorgeheizten Backofen. Hier müssen sie für 15 Minuten backen.

So schnell und einfach lassen sich Babys erste Kekse backen. Die Kekse schmecken nicht nur dem Nachwuchs gut! Auch Mama und Papa können ohne schlechtes Gewissen zulangen und genießen.

Getreidebrei-Allerlei – Die Grundrezepte zum Abwandeln

Die Rezepte des sechsten Monats neigen sich dem Ende entgegen. Doch ehe es mit dem achten Monat weitergeht, möchte ich Ihnen gerne noch den abendlichen Getreidebrei vorstellen. Hier finden Sie fünf verschiedene Rezepte für den Getreidebrei. Nach Belieben können Sie diesen mit Obstbrei verfeinern.

Grießbrei

Der Klassiker unter den Beikostbreien ist eindeutig der Grießbrei. Wohl sättigend und lecker wird er auch Ihrem Baby das Abendessen versüßen, und das ganz ohne Zucker!

Zubereitungszeit

20 Minuten

Schwierigkeitsgrad

leicht

Zutaten

- 200 ml 3,5 %-ige Vollmilch
- 20 g Grieß

Zubereitung

Geben Sie die Milch in einen Topf und bringen Sie nun die Milch zum Kochen. Sobald die Milch kocht, nehmen Sie den Topf von der Herdplatte und streuen den Grieß ein und rühren diesen gut unter. Jetzt muss der Grieß lediglich 10 Minuten quellen.

Sie können ihn mit etwas Obstbrei Ihrer Wahl servieren oder Ihr Baby genießt ihn pur.

Haferbrei

Haferbrei ist gut bekömmlich und zudem sättigt er Ihr Baby gut. Wie der Grießbrei, ist auch der Haferbrei denkbar einfach gezaubert.

Zubereitungszeit

20 Minuten

Schwierigkeitsgrad

leicht

Zutaten

- 200 ml 3,5 %-ige Vollmilch
- 20 g Haferflocken

Zubereitung

Geben Sie die Milch in einen Topf und bringen Sie nun die Milch zum Kochen. Sobald die Milch kocht, nehmen Sie den Topf von der Herdplatte und streuen die Haferflocken ein und rühren diese gut unter. Jetzt muss der Brei lediglich 10 Minuten quellen. Sie können ihn mit etwas Obstbrei Ihrer Wahl servieren oder Ihr Baby genießt ihn pur.

Dinkelbrei

Dass Dinkel sehr bekömmlich und schonend für den Magen-Darm-Trakt ist, ist längst kein Geheimnis mehr! Darum ist dieser Brei optimal, wenn Ihr Baby mit den anderen Breien noch Probleme hat.

Zubereitungszeit

20 Minuten

Schwierigkeitsgrad

leicht

Zutaten

- 200 ml 3,5 %-ige Vollmilch
- 20 g Dinkelflocken

Zubereitung

Geben Sie die Milch in einen Topf und bringen Sie nun die Milch zum Kochen. Sobald die Milch kocht, nehmen Sie den Topf von der Herdplatte und streuen die Dinkelflocken ein und rühren diese gut unter. Jetzt muss der Brei lediglich 10 Minuten quellen. Sie können ihn mit etwas Obstbrei Ihrer Wahl servieren oder Ihr Baby genießt ihn pur.

Zwieback-Brei

Zwiebackbrei ist, wie die anderen Breie auch, bekömmlich und wohltuend sättigend. Er kann pur gegessen werden, wird Ihrem Baby mit etwas Obstbrei aber deutlich besser schmecken.

Zubereitungszeit

10 Minuten

Schwierigkeitsgrad

leicht

Zutaten

- 200 ml heißes Wasser
- 1-2 Scheiben Zwieback

Zubereitung

Geben Sie den Zwieback in eine Schüssel und gießen Sie das heiße Wasser drüber. Verwenden Sie aber nicht das gesamte Wasser, sondern zunächst nur die Hälfte. Zerdrücken Sie nun den Zwieback zu Brei und lassen ihn quellen. Nun können Sie – je nach gewünschter Konsistenz – noch etwas von dem Wasser unterrühren.

Hirsebrei

Lange Zeit war Hirse nur etwas für Ökos. Zum Glück sind diese Zeiten vorbei! Hirse kommt immer mehr in Mode. Zum Glück! So kann Ihr Baby von dem selbstgemachten Hirsebrei profitieren.

Zubereitungszeit

10 Minuten

Schwierigkeitsgrad

leicht

Zutaten

- 200 ml 3,5 %-ige Vollmilch
- 50 g Hirseflocken

Zubereitung

Geben Sie die Milch in einen Topf und bringen Sie nun die Milch zum Kochen. Sobald die Milch kocht, nehmen Sie den Topf von der Herdplatte, streuen die Hirse ein und rühren diese gut unter. Jetzt muss der Brei lediglich 10 Minuten quellen. Sie können ihn mit etwas Obstbrei Ihrer Wahl servieren oder Ihr Baby genießt ihn pur.

Ihre eigene Kreativität ist gefragt

Die Zeit rennt so schnell, das mag man gar nicht glauben. War es nicht gerade erst gestern gewesen, als Sie Ihr Baby frisch geboren in den Armen hielten? Nun sitzt es mit am Tisch und bekommt die erste kulinarische Vielfalt geboten. Wo ist bloß die Zeit geblieben? Was die Eltern mit ein wenig Wehmut und jeder Menge Stolz sehen, ist für das Baby das Abenteuer Beikost.

Ihr Baby zeigt von Mal zu Mal mehr Interesse an der festen Nahrung und das ist schön. Ähnlich, wie Sie es im Kapitel zuvor schon gelesen haben, haben Sie natürlich neben diesen Rezepten einen nun noch etwas größeren Rahmen, aus dem Sie die verschiedensten Zutaten wählen können. Sie können die Rezepte mit den Zutaten in der Liste ergänzen oder austauschen, je nach dem Geschmack Ihres Babys. Übrigens: Je mehr Ihr Baby in dieser prägenden Zeit kennenlernt, umso mehr wird es auch später zu sich nehmen. Nörgeleien, wie beispielsweise „Ihhh, ich mag das nicht!" wird es weniger geben! Doch Achtung! Führen Sie Ihr Baby schrittweise an die Lebensmittel heran. Wenn es ein Lebensmittel gut verträgt, dann darf ein weiteres hinzukommen! Denken Sie immer daran, der Magen und Darm Ihres Babys ist noch am Reifen und braucht länger, um sich an die neue Nahrungsquelle zu gewöhnen.

Doch nun möchte ich Ihnen die Liste mit den erlaubten Lebensmitteln vorstellen. Ich wünsche Ihnen viel Freude beim Experimentieren.

Obst	**Gemüse**	**Fleisch & Fisch**	**Getreide**	**Gewürze**
Apfel	Kartoffeln	Hühnerfilet	Haferflocken	Vanille
Banane	Süßkartoffeln	Rinderfilet	Zwieback	
Birnen	Gurke	Schweinefilet	Grieß	
Avocado	Pastinake	Lammfilet	Reis	
Heidelbeeren	Kürbis	Lachs	Nudeln	
Pflaumen	Möhren	Seelachs	Mandelmus	
Pfirsich	Zucchini	Kabeljau	Hirse	
Kirschen	Blumenkohl	Makrele	Dinkel	
Aprikosen	Broccoli	Scholle		
Mango	Mais	Forelle (Süßwasser)		
Nektarine	Kohlrabi			
Melone	Spinat			
	Rote Beete			

Rezepte ab dem 8. Lebensmonat

Sollen wir es nun erst oder schon nennen? Vier Monate sind vergangen, seitdem Sie Ihrem Baby erstmals Beikost bereitgestellt haben. In den letzten Monaten hat Ihr Baby bereits die ersten kulinarischen Highlights genießen dürfen. Im achten Monat wird diese Palette noch erweitert!

Daneben wird das Stillen oder das Fläschchen immer weniger und seltener. Die Beikost nimmt einen immer höheren Stellenwert bei Ihrem Baby ein. Das liegt nicht zuletzt an dem Entdeckerdrang, den Ihr Baby ausleben möchte. Das kostet natürlich Energie und die holt sich Ihr Baby über die Beikost rein. Krabbeln und robben, dazu braucht es Muskelkraft und diese bauen sich nun einmal nicht von alleine auf! Milch alleine reicht also nicht mehr. Aber was kommt im achten Monat nun neu hinzu?

Im achten Monat darf Ihr Baby auch die Beikost zum Frühstück genießen. Dazu habe ich Ihnen leckere Brot und Brötchenrezepte zusammengestellt. Zu einem leckeren Brot gehört aber auch der Belag. Diesen gibt es in Form von selbstgemachter Marmelade! Auch gibt es ab sofort Suppen und Eintöpfe, Joghurt und ganz wichtig: Der Pürierstab ist nun arbeitslos! Die ersten Zähnchen bahnen sich ihren Weg und das Zungen-Gaumen-Training wird nun auf den Prüfstand gestellt.

Babys Beikost gleicht nun immer mehr dem Essen, welches Mama und Papa zu sich nehmen. Doch was genau kommt nun auf den Teller?

Marmelade selbst gemacht

Mit einer guten Marmelade kann der Tag losgehen! Natürlich gibt es keine Konfitüre aus dem Supermarkt, sondern Marke Mama oder Papa! Diese Marmelade ist nicht nur gesünder, sondern schmeckt einfach herrlich fruchtig!

Zubereitungszeit

40 Minuten

Schwierigkeitsgrad

leicht

Zutaten

- 500 g Kirschen
- 200 ml Wasser
- 2 gehäufte TL Speisestärke

Zubereitung

Waschen Sie die Kirschen gründlich ab und entsteinen Sie sie. Geben Sie die Kirschen mit dem Wasser in einen Topf und bringen Sie alles zum Kochen. Lassen Sie die Marmelade für etwa 30 Minuten richtig einkochen und fügen Sie bei Bedarf noch etwas Wasser bei. Die Konsistenz sollte etwa der von Apfelmus gleichen. Geben Sie anschließend die Speisestärke in ein Schälchen und fügen Sie 5 EL kaltes Wasser hinzu. Rühren Sie die Speisestärke mithilfe einer Gabel glatt und klumpfrei. Die Speisestärkemischung geben Sie nun unter die kochende Kirschmasse und rühren Sie dabei gut um. Die Kirschmarmelade können Sie nun in kleine Gläschen füllen, verschrauben und für 10 Minuten auf den Kopf stellen. Anschließend wenden Sie die Gläschen. Wenn die Deckel ploppen wissen Sie, dass alles geklappt hat. Die selbstgemachte Baby-Marmelade ist fertig!

Milchbrot

Zum Frühstück darf eine gute Scheibe Brot einfach nicht fehlen. Aber Körnerbrot ist nach wie vor tabu! Das bedeutet aber noch längst nicht, dass Sie nun labberiges Weißbrot kaufen müssen! Dieses Milchbrot ist ein tolles Rezept und wird mit Dinkelvollkornmehl und Dinkelmehl zu einem guten Start in den Tag beitragen. Gemeinsam mit der Marmelade wird es Ihr Baby lieben.

Zubereitungszeit

100 Minuten

Schwierigkeitsgrad

leicht

Zutaten

- 250 g Dinkelmehl Typ 630
- 250 g Dinkel-Vollkornmehl
- 2 Eier
- 125 g Butter
- 270 ml 3,5 %-ige Vollmilch
- 1 Würfel frische Hefe oder ein Päckchen Trockenhefe

Zubereitung

Fügen Sie beide Mehlsorten in einer Rührschüssel zusammen. Benutzen Sie Trockenhefe, so können Sie diese nun schon unter das Mehl heben. Erwärmen Sie die Milch in der Mikrowelle oder im Topf und schmelzen Sie die Butter in der heißen Milch. Verwenden Sie aber frische Hefe, so können Sie diese nun in der warmen (nicht mehr heißen) Milch auflösen. Schlagen Sie zwei Eier in das Mehl und geben Sie anschließend die Milch mit der Butter hinzu. Kneten Sie den Brotteig für 5 Minuten zu einem glatten Teig. Das geht mit den Knethaken und einem Mixer recht gut. Lassen Sie nun den Teig für 45 Minuten an einem zimmerwarmen Ort gehen, bis sich das Volumen deutlich vergrößert hat.

Heizen Sie als nächstes den Backofen auf 170 °C Ober-/Unterhitze vor. Fetten Sie eine Kastenform mit Butter ein und bestäuben Sie sie anschließend mit etwas hellem Dinkelmehl. Sie können aber auch aus dem Teig ein Laib Brot formen.

Kneten Sie den Teig noch einmal kräftig durch und geben Sie ihn nun in die vorbereitete Kastenform. Anschließend kommt das Brot in den Backofen und dort backt es für knapp 50-60 Minuten. Nach der Backzeit stellen Sie den Backofen aus und öffnen die Ofentür. Lassen Sie das Brot noch für 5 Minuten im Backofen und holen Sie es erst dann heraus. Nach einer kurzen Abkühlzeit können Sie das Brot aus der Form nehmen und vollständig auskühlen lassen.

Kleiner Tipp:

Frisches Brot duftet nicht nur unglaublich gut, es schmeckt auch lecker. Jedoch lässt sich das frische Brot im warmen Zustand nicht gut schneiden. Besser ist es, wenn Sie das Brot erst am nächsten Tag Ihrem Kind zum Essen geben. Die Kruste ist dann auch nicht mehr kross und Ihr Baby kann das Brot gut essen. Um das Brot länger frisch zu halten, schlagen Sie es in ein feuchtes Küchentuch ein und geben Sie es in den Kühlschrank. Sie können das Brot auch geschnitten einfrieren. So können Sie nach Bedarf eine Scheibe herausnehmen.

Milchreis

Alle Kinder mögen Milchreis! Auch Ihr Baby wird diese sogenannte Süßspeise mögen. Das Tolle an dem Rezept ist, dass Mama und Papa mit dem Baby gemeinsam essen können. Milchreis ist ein Rezept für die ganze Familie! Besonders gut schmeckt der Milchbrei mit einer selbstgemachten Fruchtsoße oder Fruchtbrei. Mama und Papa können Zimt und Zucker dazu essen, wenn sie möchten. Doch das ist noch nichts für Junior.

Zubereitungszeit

20 Minuten

Schwierigkeitsgrad

leicht

Zutaten

- 125 g Milchreis
- 600 ml 3,5 %-ige Vollmilch
- Mark einer Vanilleschote nach Geschmack und Vorliebe

Zubereitung

Bringen Sie die Milch in einem Topf zum Kochen und rühren Sie dann den Milchreis ein. Soll der Milchreis eine Vanillenote bekommen, dann schneiden Sie eine Vanilleschote der Länge nach auf und kratzen das Mark mit einem Messer heraus. Geben Sie das Vanillemark anschließend mit in den Topf zum Milchreis. Stellen Sie den Herd auf die niedrigste Flamme und lassen Sie den Milchreis ausquellen. Gelegentlich sollten Sie umrühren. Je nach gewünschter Konsistenz kann es sein, dass Sie einfach noch etwas Milch einrühren müssen. Servieren Sie den Milchreis Ihrem Baby mit einem von Ihnen gekochten Obstbrei oder Ihrer Obstsoße.

Joghurt an Himbeer-Erdbeer-Mus

Der nächste Meilenstein folgt. Nachdem Ihr Baby bereits die ersten Kuhmilchprodukte in Form von Vollmilch kennengelernt hat, darf es nun auch die ersten Joghurtspeisen zu sich nehmen. Es ist empfehlenswert, den Joghurt zuvor in einen Getreidebrei einzurühren. So können Sie Ihr Baby allmählich an den Joghurt heranführen, ohne dass es Bauchweh gibt. Ist Ihr Baby an den Joghurt gewöhnt, so können Sie ihm Naturjoghurt mit Obstbrei reichen.

Zubereitungszeit

10 Minuten

Schwierigkeitsgrad

leicht

Zutaten

- 200 g Erdbeeren
- 100 g Himbeeren
- 2-3 EL Vollmilchjoghurt mit 3,5 % Fettanteil
- Getreidebrei Ihrer Wahl (suchen Sie sich einfach ein Rezept aus dem Kapitel davor aus)

Zubereitung

Bereiten Sie den Getreidebrei nach einem Rezept aus diesem Buch zu und lassen Sie ihn komplett auskühlen. Säubern Sie die Erdbeeren und Himbeeren und geben Sie sie in ein hohes Rührgefäß. Für die Soße pürieren Sie mithilfe eines Pürierstabs das Obst zu einem Brei.

Ist der Getreidebrei nun abgekühlt, dann können Sie den Joghurt unter den Getreidebrei mengen und das Erdbeer-Himbeer-Püree darüber geben. Das Püree kann übrigens auch gut eingefroren werden. Für eine Portion ist das Rezept reichlich, sodass Sie gut und gerne 2-3 Portionen Obstsoße aus diesem Rezept einfrieren können.

Schoko-Grießbrei mit Himbeertopping

Schokolade hat auf die meisten Menschen eine große Anziehungskraft. Allerdings macht der Kakao hier den Unterschied! Backkakao ist optimal, denn dieser ist frei von raffiniertem Zucker! Für die Süße sorgt frisches Obst. Herrlich!

Zubereitungszeit

20 Minuten

Schwierigkeitsgrad

leicht

Zutaten

- 200 ml 3,5 %-ige Vollmilch
- 2 EL Grieß
- 1 TL Backkakao
- 1 Birne
- 50 g Himbeeren

Zubereitung

Geben Sie die Milch in einen Topf und bringen Sie nun die Milch zum Kochen. Sobald die Milch kocht, nehmen Sie den Topf von der Herdplatte und streuen den Grieß und den Backkakao ein und rühren diesen guten unter. Jetzt muss der Grieß lediglich 10 Minuten quellen. In der Zwischenzeit können Sie die Fruchtsoße zubereiten. Dazu schälen Sie die Birne und entkernen diese. Schneiden Sie sie klein und geben Sie die Birne in ein hohes Rührgefäß. Waschen Sie die Himbeeren vorsichtig und geben Sie auch diese zu den Birnen. Pürieren Sie das Obst glatt, sodass es eine leckere Fruchtsoße ergibt. Sollte es zu viel Fruchtsoße sein, so können Sie die überschüssige Soße in einer Eiswürfelform einfrieren und sie wieder herausholen, wenn sie das nächste Mal benötigt wird.

Ist der Schoko-Grießbrei nun soweit abgekühlt, dass er nur noch lauwarm ist, kann er dem Baby zum Essen gegeben werden. Die Fruchtsoße aber nicht vergessen!

Nudeltopf für Ihr Baby

Dieses Gericht ist wieder für die ganze Familie geeignet. Mama und Papa essen nämlich den Nudeltopf mit. Natürlich müssen Mama und Papa nachwürzen, doch für Ihr Baby ist es das Highlight, wenn die ganze Familie dasselbe auf den Teller bekommt.

Zubereitungszeit

20 Minuten

Schwierigkeitsgrad

leicht

Zutaten

- 500 g Nudeln
- 500 g Möhren
- 500 g passierte Tomaten
- 1 kleine Zucchini
- 50 ml Rapsöl

Zubereitung

Kochen Sie gegenwärtig die Nudeln in ungesalzenem Wasser al dente. Danach putzen und schälen Sie das Gemüse. Ist alles sauber, dann wird das Gemüse sehr klein geschnitten. Geben Sie die passierten Tomaten in einen geeigneten Topf, fügen Sie nun das Gemüse in die passierten Tomaten und lassen Sie alles für 10 bis 15 Minuten einkochen. Gießen Sie die Nudeln nach der Garzeit ab und fügen Sie sie zu der Tomatensoße hinzu. Ganz zum Schluss geben Sie noch das Öl in den Nudeltopf.

Wenn die Nudeln sehr weichgekocht sind und Ihr Baby mit gröberer Nahrung gut klarkommt, dann entfällt der Schritt des Pürierens. Sollte Ihr Baby noch ein wenig Zeit benötigen, dann sollten Sie den Nudeltopf für Ihr Baby grob mit dem Pürierstab zerkleinern.

Babygerechtes Hühnerfrikassee

Das Hühnerfrikassee zuzubereiten dauert ein wenig länger. Allerdings schmeckt es dafür nicht nur besser, sondern Sie wissen auch, was drin ist. Sie können das Rezept verdoppeln und den Rest einfrieren. So haben Sie immer eine Portion Frikassee zur Hand!

Zubereitungszeit

120 Minuten

Schwierigkeitsgrad

mittel

Zutaten

- 350 g Hühnerbrust
- 2 große Möhren (kleingewürfelt)
- 250 g Sellerie (kleingewürfelt)
- 2 Stiele Petersilie
- 1,5 L Wasser
- 1 Tasse TK Erbsen
- 5 Champions
- 3 Stangen Spargel (TK oder frisch)
- 25 g Reisflocken
- 2 EL Rapsöl

Zubereitung

Geben Sie die Hühnerbrust mit den Möhren und dem Sellerie in einen ausreichend großen Topf und fügen Sie Wasser hinzu. Jetzt fügen Sie die ganze Petersilie hinzu und lassen es für mindestens 1,5 Std. köcheln. So wird eine schmackhafte Brühe für das Frikassee aus dem Sud.

Nach der Kochzeit holen Sie das Fleisch aus dem Wasser und zupfen es in kleine, babymundgerechte Stückchen. Die Brühe mit der Petersilie und dem Gemüse werden nun von Ihnen püriert. Nehmen Sie die ausgekochten Petersilienstängel aber zuvor aus der Brühe heraus. Nun füllen Sie die Brühe in ein geeignetes Gefäß, aus dem Sie die Brühe gießen können.

Jetzt erhitzen Sie das Rapsöl in einem Topf. Gehen Sie für den nächsten Schritt weiter vor, wie bei einer klassischen Mehlschwitze: Fügen Sie die Reisflocken in das Öl und rühren Sie dabei ständig mit dem Schneebesen, bis eine glatte Masse entstanden ist. Jetzt rühren Sie portionsweise die Brühe ein. Rühren Sie hierzu so lange um und gießen Sie erst etwas nach, wenn die Masse eindickt.

Ist die Mehlschwitze fertig, dann geben Sie das Fleisch, die Erbsen, die Champions und den Spargel mit in die Soße und lassen alles noch einmal für gute 10 Minuten leicht kochen. Zum Schluss dürfen Sie optional einen kleinen Spritzer Zitronensaft an das Gericht geben.

Zum Schluss können Sie alles nach den Bedürfnissen Ihres Babys pürieren. Traditionell wird zu Hühnerfrikassee Reis gegessen. Das können Sie aber nach Ihren persönlichen Vorlieben handhaben.

Babykekse aus Birnen

Hier möchte ich Ihnen ein weiteres Rezept für Babykekse vorstellen. Es wird aus nur 3 Zutaten hergestellt und kommt vollständig ohne raffinierten Zucker aus. Dafür lockt die Süße der Frucht! Diese Kekse werden nicht nur Ihrem Baby schmecken.

Zubereitungszeit

20 Minuten

Schwierigkeitsgrad

leicht

Zutaten

- 150 g Dinkel-Vollkornmehl
- 100 g Butter
- 50 g Birnensaft (Achtung: Nur reinen Birnensaft ohne Zusätze verwenden!)

Zubereitung

Vermengen Sie alle **Zutaten** in einer Schüssel und kneten Sie sie zu einem glatten Teig. Anschließend heizen Sie den Backofen auf 160 °C Ober-/ Unterhitze vor. Formen Sie mithilfe zweier Teelöffel kleine Taler auf ein mit Backpapier ausgelegtes Backblech und backen Sie die Kekse anschließend 15 Minuten im Backofen. Lassen Sie die Kekse vollständig auskühlen, ehe Sie sie Ihrem Baby reichen.

Reibekuchen „Gemüsehappen“

Die klassischen Reibekuchen bestehen aus Kartoffeln und Zwiebeln. Dieses Rezept enthält aber einige Abwandlungen, sodass aus dem klassischen Rezept ein Rezept für Gemüsereibekuchen wird. Gesund und lecker, das gehört auf den Tisch!

Zubereitungszeit

50 Minuten

Schwierigkeitsgrad

leicht

Zutaten

- 500 g TK Erbsen
- 1 Zwiebel (optional)
- 2 Knoblauchzehen (optional)
- 250 g Ricotta
- 4 gehäufte EL Mehl
- 2 Eier
- etwas Petersilie (optional)
- ein Spritzer Zitronensaft (optional)
- Rapsöl zum Braten

Zubereitung

Wenn Sie sich für die Variante mit Zwiebeln und Knoblauch entscheiden, so fängt das Rezept hier für Sie an. Sowohl der Knoblauch als auch die Zwiebeln müssen sehr klein und fein geschnitten werden. Erhitzen Sie ein wenig Öl in einer Pfanne und garen Sie die Zwiebeln und den Knoblauch, bis sie weich sind.

Geben Sie nun 350 g Erbsen in ein hohes Rührgefäß, fügen Sie optional die Petersilie mit in das Gefäß. Pürieren Sie nun diesen Teil der Erbsen glatt. Anschließend schlagen Sie die Eier, den Ricotta, die restlichen Erbsen sowie die Zwiebeln und den Knoblauch in das Rührgefäß und rühren alles kräftig durcheinander. Je nach Konsistenz des Reibekuchenteigs, kann noch etwas Mehl nötig sein, bis alles einen gut löffelbaren Teig ergibt. Erhitzen Sie nun erneut das Öl in einer Pfanne und geben Sie kleine Kleckse Teig mithilfe von zwei Esslöffeln in die Pfanne. Braten Sie die Reibekuchen von beiden Seiten an. Lassen Sie sie ein wenig abkühlen, ehe Ihr Baby sie zum Essen bekommt.

Frühlings-Mahl „Spargelstängelchen"

Der Frühling lockt mit frischem Spargel. Tatsächlich ist Spargel nicht nur ein Hochgenuss für uns Erwachsene, auch Ihr Baby darf von den weißen oder grünen Stangen essen. Ab dem 8. Monat ist das nämlich erlaubt. Theoretisch gibt es zum Spargelkochen nicht sonderlich viel zu erzählen. Die meisten genießen das Frühjahrsgemüse mit Butter und Schinken.

Roher Schinken sollte Ihr Baby aber noch nicht bekommen. Kochschinken wiederum stellt für Ihr Baby kein Problem dar. Ihr Baby kommt also mit Kartoffeln, Spargel, etwas Kochschinken und zerlassener Butter richtig gut auf kulinarische Kosten. Damit Mama und Papa aber auch mal so richtig genießen können, möchte ich Ihnen an dieser Stelle gerne ein Rezept für eine klassische Sauce Hollandaise mit auf den Weg geben. Doch Achtung! Ihr Kind darf auf keinen Fall in den Genuss der Soße kommen, wenngleich dies verlockend ist. Die Soße wird mit rohem Ei zubereitet, welches zwar erwärmt, aber trotzdem nicht abgekocht wird. In Babys Körper haben rohe Eier noch nichts zu suchen. Sie als Eltern aber dürfen sich auf das Rezept freuen und Ihr Baby wird ja auch größer und darf in ein bis zwei Jahren dann richtig zuschlagen!

Zubereitungszeit

20 Minuten

Schwierigkeitsgrad

leicht

Zutaten

- 200 g Butter (keine Margarine oder Ähnliches)
- 3 Eigelb
- 3 EL Wasser
- 1TL Zucker
- 1 EL Zitronensaft
- ½ Becher Schmand
- Salz und Pfeffer zum Würzen

Zubereitung

Schmelzen Sie die Butter in einem Kochtopf, bis sie flüssig und heiß ist. In der Zwischenzeit trennen Sie das Eigelb vom Eiweiß und geben das Eigelb in eine hohe Rührschüssel. Das Eiweiß kann sehr gut eingefroren werden und eignet sich dann prima zum Backen!

Geben Sie nun Salz, Zitronensaft, Zucker und Pfeffer zum Eigelb und schlagen Sie es mithilfe der Schneebesen und des Handrührgeräts auf, bis es weiß-gelblich und cremig ist. Als nächstes geben Sie zunächst esslöffelweise die heiße Butter in die Eimasse und rühren dabei aber durchgängig kräftig um. Befolgen Sie diesen Schritt unbedingt, da die Soße sonst gerinnt. Ist die Butter nun mit der Eimasse verrührt, geben Sie einen halben Becher Schmand in die Soße und rühren diesen dann unter die Soße. Zum nochmaligen Erwärmen ist die Soße ebenfalls nicht geeignet, da sie gerinnt.

Kleiner Tipp: Fügen Sie etwas frischen Schnittlauch mit in die Soße!

Gulasch für Jung und Alt

Gulasch für die ganze Familie, das steht heute auf dem Speiseplan. Gulasch sättigt nicht nur gut, sondern versorgt Ihr Baby mit viel Eisen und Eiweiß. Zudem ist dieses Rezept familientauglich und das bedeutet, dass Sie immer weniger Extraportionen kochen müssen.

Zubereitungszeit

40 Minuten

Schwierigkeitsgrad

leicht

Zutaten

- 750 g Gulasch (Rind, Geflügel, Lamm)
- 3 EL Tomatenmark
- 1-2 Möhren (gewürfelt)
- 50 g Knollensellerie (gewürfelt)
- Wasser
- eventuell Soßenbinder

Zutaten zusätzlich für Mama und Papa

- 4 große Zwiebeln
- einige Spritzer Essig
- 300 ml Rinderbrühe
- 1 TL Paprikapulver edelsüß
- 1 TL Paprikapulver scharf
- Salz und Pfeffer
- 1 Lorbeerblatt (optional)

Zubereitung

Braten Sie das Fleisch zunächst gut an, sodass es durchgebraten ist. Geben Sie dann die Möhren und den Sellerie hinzu und braten Sie das Gemüse noch einmal kurz durch. Schütten Sie das Wasser mit in die Pfanne und rühren Sie das Tomatenmark in den Sud ein. Ist das Gulasch von der Konsistenz passend? Ist es zu flüssig, rühren Sie ein wenig Soßenbinder ein, ist es zu dick, rühren Sie ein wenig Wasser ein. Nehmen Sie nun eine gute Portion für Ihr Baby ab und geben Sie diese in einen Extratopf, denn das Gulasch für Ihr Baby ist nun fertig.

Für Mama und Papas Gulasch schneiden Sie die Zwiebeln und fügen Sie sie mit der Rinderbrühe, Essig, Paprikapulver Salz und Pfeffer sowie das Lorbeerblatt mit in das Gulasch ein. Lassen Sie alles nochmals gute 15-20 Minuten einkochen. Je nach gewünschter Konsistenz wird es erforderlich sein, dass Sie nochmal etwas Soßenbinder einrühren. Vor dem Verzehr entfernen Sie das Lorbeerblatt.

Da das Fleisch des Gulaschs eher zäh ist, sollten Sie, trotz der ersten Zähnchen, die Portion Ihres Babys mit dem Pürierstab durchmixen. Zumindest das Fleisch sollte eher sehr klein und fein gehalten sein. Die Kartoffeln können Sie jedoch mit der Gabel so zerdrücken oder die Nudeln extra weichkochen, damit Ihr Baby diese so zu sich nehmen.

Gemüseeintopf mit Hackbällcheneinlage

Wenn es draußen kälter wird und sich der Herbst ankündigt, dann kann eine deftige Suppe wie Urlaub für den Magen und Körper sein. Nicht nur Ihnen ergeht es so, sondern auch Ihrem Baby. Daher bietet sich dieser Eintopf mit Hackbällchen sehr gut an. Dieser Eintopf lässt sich besonders gut portionsweise einfrieren!

Zubereitungszeit

30 Minuten

Schwierigkeitsgrad

leicht

Zutaten

- 2 Kartoffeln
- 3 Möhren
- 1 kleine Tasse Erbsen TK
- ein bisschen Dinkelvollkornmehl
- ein wenig Rapsöl
- 100 g Hackfleisch (Rind, Lamm oder Geflügel)

Zubereitung

Schälen Sie die Kartoffeln und Möhren und schneiden Sie sie anschließend in kleine Würfel. Geben Sie nun ein wenig Öl in einen Topf und schwitzen Sie das Gemüse kurz an. Bestäuben Sie das angeschwitzte Gemüse mit ein wenig Vollkornmehl und vermengen Sie einmal alles gut. Fügen Sie nun 300 ml Wasser hinzu und rühren es ein. Als nächstes kommen die Erbsen in die Suppe. Lassen Sie alles 5 Minuten einkochen. In der Zwischenzeit werden die Hackbällchen vorbereitet. Dazu formen Sie aus dem Hackfleisch einfach kleine Bällchen und geben diese direkt in die Suppe zum Garen. Sind alle Bällchen in der Suppe, muss der Eintopf für weitere 20 Minuten köcheln, damit die Hackbällchen durchgegart sind. Es kann durchaus sein, dass Sie ein wenig mehr Wasser hinzufügen müssen, abhängig davon, wie stark der Eintopf einkocht.

Wenn Sie es mögen und wünschen, dann dürfen Sie den Eintopf mit frischen Kräutern veredeln. Hierzu eignen sich folgende Kräuter und Gewürze: Basilikum, Minze, Oregano, Petersilie und Rosmarin. Auch Knoblauch, Muskatnuss, Pfeffer und Paprikapulver sind fortan erlaubt.

Orientalischer Couscous-Salat

Heute gibt es orientalischen Gaumenschmaus. Der Couscous-Salat schmeckt immer, ist schnell zubereitet und besonders im Sommer ein leichter und trotzdem wohlsättigender Genuss. Dieses Rezept ist wieder für die ganze Familie geeignet.

Zubereitungszeit

20 Minuten

Schwierigkeitsgrad

leicht

Zutaten

- 1 Tasse Couscous
- 2-3 Tassen kochendes Wasser
- 3 EL Tomatenmark
- ½ Gurke fein geschnitten)
- Frühlingszwiebeln (fein geschnitten)
- Minze (optional)
- Schafskäse (für Mama und Papa)
- Paprika (fein geschnitten für Mama und Papa)
- 2 EL Rapsöl
- etwas Pfeffer und Knoblauch
- etwas Salz (für Mama und Papa)

Zubereitung

Geben Sie die angegebene Menge Couscous in eine große Schüssel und fügen Sie das Tomatenmark, den Pfeffer, den Knoblauch und das Öl hinzu. Kochen Sie im Anschluss Wasser mit dem Wasserkocher auf. 2-3 Tassen kochendes Wasser (lieber erst einmal eine Tasse weniger nehmen) werden nun über den Couscous gegeben und anschließend wird alles gut verrührt. Lassen Sie den Couscous nun 15 Minuten quellen. Bei Bedarf geben Sie noch ein wenig Wasser hinzu. Sie erkennen den fertigen Couscous daran, dass es nicht mehr körnig-hart, sondern körnig- weich ist. Wird es erforderlich eine weite Tasse Wasser hinzuzufügen, dann benutzen Sie auch hier wieder kochendes Wasser. Lassen Sie den Couscous gänzlich auskühlen. Dann schneiden Sie das Gemüse sowie den Schafskäse in kleine Würfel. Teilen Sie den Couscous-Salat nun in eine Portion für Ihr Baby und eine größere Portion für Sie auf. In den Salat von Ihrem Baby dürfen nun die Frühlingszwiebel sowie die Gurke untergerührt werden. Die restlichen **Zutaten** kommen in den Salat von Mama und Papa. Ebenfalls sollten Sie Ihren Couscous-Salat nochmals mit Salz würzen.

Rühren Sie beide Salate vor dem Verzehr um und genießen Sie ihn!

Ihre Kreativität ist gefragt

Nicht nur körperlich ist Ihr Baby groß geworden, sondern es hat sich Vieles geändert. Babybreie werden von den meisten Babys in dem Alter kaum noch akzeptiert. Das Essen, welches die Eltern nun auf dem Teller haben, ist viel spannender. Für Ihr Baby ist das ein einzigartiges Erlebnis und so kommt es wahrscheinlich auch bei Ihnen vor, dass Ihr Baby lieber von Ihrem Teller nascht, als sein eigenes Essen zu verzehren. Dabei haben Sie dasselbe auf den Teller! Wenn es noch nicht so weit ist, dann können Sie sich darauf aber einstellen. Nur gut, dass Ihr Baby schon fast dasselbe essen darf, wie Sie es auch tun.

Natürlich sind die Rezepte aus den vorangegangenen Kapiteln aus der Mode, doch müssen Sie zunehmend kreativer werden, um Ihr Baby von dem restlichen Vorrat an Brei zu überzeugen. Dabei steht Ihnen hier die Welt noch offen! Pudding oder Milchreis mit Obstbrei mag nicht nur Ihr Baby, auch Mama und Papa können davon essen.

Neu hinzugekommen ist das sogenannte Fingerfood. Allerdings sollten Sie hier nicht wahllos Obst- und Gemüsesticks Ihrem Baby reichen. Beginnen Sie mit weichen Früchten, wie Banane, Pfirsich oder auch Himbeeren. Auch Gemüse eignet sich, besonders gut ist hier die Gurke! Doch auch, wenn Ihr Baby schon sehr weit zu sein scheint, lassen Sie es während des Snackens des Fingerfoods auf keinen Fall unbeaufsichtigt. Ihr Baby ist noch in der Ausprobierphase und es kann durchaus dazu kommen, dass Ihr Baby einen zu großen Happen des Fingerfoods verschluckt! Dann müssen Sie umgehend zur Stelle sein und handeln.

In den letzten Kapiteln haben Sie hier an dieser Stelle jeweils eine Übersicht mit den Lebensmitteln gefunden, die neu hinzugekommen sind. Die Auswahl wird immer größer und bald dürfen Sie schon aus den Vollen schöpfen, aber eben erst bald! Wenn Sie sich nun die neue Übersicht ansehen, so ist Ihnen sicher aufgefallen, dass nicht alle erlaubten beziehungsweise empfohlenen Lebensmittel in den Rezepten auftauchen. Sie dürfen sich nun auslassen und austauschen, spielen und neu kreieren und das nach Herzenslust.

Eingefrorene Obstbreie oder Obstbreie in Gläschen müssen Sie nicht verwerfen. Wenn Sie sich nun die Liste ansehen, so darf Ihr Baby nun Couscous oder Bulgur essen. Das Tolle daran ist, dass es nicht nur sättigend ist, sondern herzhaft und süß ein Genuss darstellt. Es muss also nicht unbedingt der Couscous-Salat sein. Couscous oder Bulgur mit Obstbrei schmeckt mindestens genau so lecker!

Um Ihnen nun aber einen Überblick über die neu hinzugekommen Lebensmittel zu verschaffen, können Sie sich nun der Übersicht bedienen. Für die kommenden zwei Monate dürfen Sie sich also nach Herzenslust ausprobieren und durchkombinieren!

Obst	Gemüse	Fleisch / Fisch	Getreide	Gewürze
Apfel	Kartoffeln	Hühnerfilet	Haferflocken	Vanille
Banane	Süßkartoffeln	Rinderfilet	Zwieback	Zimt
Birnen	Gurke	Schweinefilet	Grieß	Knoblauch
Avocado	Pastinake	Lammfilet	Reis	Muskatnuss
Heidelbeeren	Kürbis	Lachs	Nudeln	Pfeffer
Pflaumen	Möhren	Seelachs	Mandelmus	Paprikapulver
Pfirsich	Zucchini	Kabeljau	Hirse	Oregano
Kirschen	Blumenkohl	Makrele	Dinkel	Minze
Aprikosen	Broccoli	Scholle	Bulgur	Basilikum
Mango	Mais	Forelle (Süßwasser)	Couscous	Petersilie
Nektarine	Kohlrabi			Rosmarin
Melone	Spinat			
Erdbeeren	Rote Beete			
Himbeeren	Erbsen			
	Rosenkohl			
	Aubergine			
	Radieschen			
	Spargel			

Rezepte ab dem 10. Lebensmonat

Die ersten Wochen und Monate mit der Beikost sind nun verstrichen. Kaum zu glauben, aber Sie befinden sich bereits in dem Kapitel für die Beikost ab dem 10. Monat! Die Zeit vergeht unglaublich schnell und der erste Geburtstag rückt näher. Ab dem zehnten Monat sind die meisten Lebensmittel für Ihr Baby erlaubt. Dadurch wird es immer bunter auf dem Speiseplan Ihres Babys. Die Kombinationsvielfalt lässt keine Wünsche mehr übrig und auch Leckereien, wie beispielsweise Paprika oder Tomaten finden sich nun auf dem Teller Ihres Babys wieder.

Gehört Ihr Baby mittlerweile auch zu denen, die lieber mit vollen Körpereinsatz essen, anstatt das Besteck zu benutzen? Machen Sie sich keine Sorgen. Dieser Entwicklungsschritt ist völlig normal! Ihr Baby erkundet das ihm Vorgesetzte nun mit allen Sinnen und da gehört nun einmal der volle Körpereinsatz dazu. Die Tomate fühlt sich im Mund beispielsweise völlig anders an, als in der Hand. Ihr Baby ist ein richtig kleiner Forscher und Sie sollten diesem Entdeckungsdrang nachgeben. Letzten Endes bleibt Ihnen nicht viel anderes übrig, denn ob Sie schimpfen oder nicht, Ihr Baby wird das Essen trotzdem mit allen Sinnen erkunden. Für Sie wäre es nur Zeit- und Energieverschwendung, es davon abzuhalten. Daher sehen Sie es locker und entspannt und erkunden Sie das Essen mit. Auch wir Erwachsenen können kleine Wunder dabei entdecken!

Bei all dem kulinarischen Forscherdrang ist es kein Wunder, dass das Lieblingsessen Ihres Babys derzeit das Fingerfood ist. Auch, wenn immer mehr Zähnchen im Mund zu sehen sind und Ihr Baby immer geübter wird, so sollten Sie es nach wie vor nicht unbeaufsichtigt snacken lassen! Bleiben Sie also dabei und passen Sie auf.

Nun möchte ich aber noch ein paar Worte über dieses Kapitel verlieren. Angesichts der enormen Vielfalt an erlaubten Lebensmitteln, könnten Sie schon fast ein herkömmliches Kochbuch verwenden, aber eben nur fast! Ein paar kleine Unterschiede gibt es dann doch noch. Beilagen, wie Kartoffeln, Nudeln, Reis und Co gehören nun in den täglichen Kochtopf und können von Ihnen nach Belieben variiert werden. Ich brauche Ihnen nicht sagen, wie man diese zubereitet. Doch mit der Vielfalt stellt sich nun auch zunehmend die Frage: Was kochen Sie dazu? Der Schwerpunkt dieses Kapitels liegt also auf den sogenannten Beilagen. Natürlich finden Sie auch weiterhin vollständige Gerichte zum Nachkochen! Darüber hinaus ist ein Extrakochen für Mama und Papa nun endgültig überflüssig. Lediglich einige Gewürze sollten Sie extra für sich bereitstellen zum Nachwürzen. Ansonsten ist es fast, wie bei der Familienkost ab dem 12. Monat. Doch darum kümmern wir uns erst im nächsten Kapitel. Noch sind wir bei den Rezepten ab dem 10. Monat und da bleiben wir vorerst auch! Ich wünsche Ihnen viel Freude beim Nachkochen der Rezepte und natürlich ein fröhliches Erforschen.

Rotes Risotto mit Fleisch

Risotto mit Hack steht gleich als erstes auf dem Speiseplan. Milchreis und Risotto sind miteinander verwandt und daher können Sie, sollten Sie nicht extra Risotto kaufen wollen, auch Milchreis für das Gericht zum Nachkochen wählen. Als neuester Schrei kommt Paprika mit ins Spiel und daher möchte ich Ihnen nun das Rezept vorstellen.

Zubereitungszeit

40 Minuten

Schwierigkeitsgrad

leicht

Zutaten

- 1 kleine Zwiebel (fein gewürfelt)
- 1 große, rote Paprika (fein gewürfelt)
- 120g Hackfleisch (Rind, Lamm, Geflügel)
- 120 g Milchreis oder Risottoreis
- 250 ml Gemüsebrühe
- 500 ml passierte Tomaten
- 1 TL Rapsöl
- 2 EL geriebenen Käse

Zubereitung

Geben Sie das Öl in einen Topf und braten Sie die Zwiebeln sowie die Paprika darin glasig an. Fügen Sie danach das Hackfleisch hinzu und braten Sie alles gemeinsam nochmals durch. Das Hackfleisch sollte krümelig sein. Nun dürfen Sie alles mit Brühe aufgießen und den Milchreis oder Risottoreis einrühren. Ist die Flüssigkeit aufgekocht und hat sich der Reis vollgesogen, dann geben Sie die passierten Tomaten hinzu. Lassen Sie das Gericht für weitere 15-20 Minuten köcheln und fügen Sie nach Bedarf am Ende der Kochzeit ein paar frische Kräuter hinzu. Optional können Sie Käse am Ende über das Gericht streuen, das schmeckt nämlich besonders gut!

Das erste Müsli

Ihr Baby darf nun auch altersgerechtes Müsli essen. Sie können es kaufen oder Sie machen es mit ein paar wenigen Handgriffen selbst! Dieses Müsli gibt Ihrem Baby die Energie, die es für einen guten Start in den Tag braucht. Zudem versorgt es Ihr Baby mit vielen wichtigen Mineralien und Spurenelementen.

Zubereitungszeit

20 Minuten

Schwierigkeitsgrad

leicht

Zutaten

- 300 g grobe Haferflocken
- 2 EL Kokosöl
- 2 EL Reissirup
- 2 EL Sesam
- 1-2 EL Kakaopulver (Backkakao)

Zubereitung

Um ein leckeres Müsli zu zaubern, zerlassen Sie zunächst das Kokosöl in einer Pfanne. Geben Sie anschließend den Reissirup hinzu und erhitzen Sie beides so lange weiter, bis die Masse zu blubbern beginnt. Nun geben Sie den Sesam in die Pfanne und unter ständigem Rühren warten Sie, bis alles goldgelb karamellisiert ist. Geben Sie den Kakao in die Masse und nehmen Sie die Pfanne von der Hitze. Rühren Sie nun die Haferflocken ein und geben Sie das Müsli auf einen Streifen Backpapier zum Auskühlen. Mengen Sie gelegentlich das Müsli einmal durch während es erkaltet, so ergeben sich diese typischen, kleinen Häufchen beim Müsli.

Optional können Sie auch gerne reine Cornflakes (natur) mit in das Müsli geben. Ihr Baby darf es mit frischer Vollmilch (3,5 % Fettanteil) oder Naturjoghurt zu sich nehmen.

Schokopudding

Schokopudding ist ein Klassiker, ein sogenanntes Evergreen. Es wird nie aus der Mode kommen und ist dabei genauso fix zubereitet, wie der Schokopudding aus der Tüte! Sie haben nicht nur Einfluss, was reinkommt, sondern können die Süße auch selbst bestimmen! Probieren Sie es doch einfach mal aus.

Zubereitungszeit

10 Minuten

Schwierigkeitsgrad

leicht

Zutaten

- 500 ml 3,5 %-ige Vollmilch
- 1 EL Backkakao
- 2 EL Speisestärke
- etwas Honig zum Süßen

Zubereitung

Geben Sie etwa die Hälfte der Milch in einen geeigneten Topf und fügen Sie sofort die Speisestärke sowie den Honig und Kakao hinzu. Rühren Sie die Milch kräftig mithilfe eines Schneebesens um, bis sich alles gelöst hat und frei von Klumpen ist. Jetzt geben Sie den Rest der Milch mit in den Topf und lassen es unter ständigem Rühren aufkochen. Der Pudding wird beim Aufkochen eindicken. Füllen Sie ihn dann in Dessertschälchen ab und lassen Sie ihn vollständig auskühlen.

Wenn Sie die Haut nicht mögen, die sich auf dem Pudding typischerweise bildet, dann können Sie den Pudding mit Frischhaltefolie abdecken. Auf diese Weise bildet sich keine Haut.

Thunfischsoße

Eine schnelle Soße zu den Nudeln muss es heute sein. Aber an Tomatensoße oder Bolognese kann man sich auch überessen. Wie wäre es stattdessen mit einer Thunfischsoße? Thunfisch ist gesund und lecker! Genau das richtige Rezept für eine leckere Soße zu den Nudeln!

Zubereitungszeit

10 Minuten

Schwierigkeitsgrad

leicht

Zutaten

- 120 g Mangold
- 1 kleine Dose Thunfisch im eigenen Saft
- 2-3 EL Frischkäse Natur
- 1 kleine Zwiebel oder 2 Frühlingszwiebel
- ein wenig Rapsöl
- Kräuter Ihrer Wahl

Zubereitung

Waschen Sie den Mangold und schneiden Sie ihn klein. Erhitzen Sie das Öl in einem Topf und schwitzen Sie den Mangold darin kurz an. Nun kommen die kleingeschnittenen (Frühlings-)Zwiebeln mit in den Topf. Braten Sie alles gemeinsam gut an. Geben Sie als nächstes eine halbe Tasse Wasser zum Gemüse und lassen Sie es andünsten. Gegebenenfalls muss noch etwas Wasser nachgegossen werden. Ist alles weichgekocht, ist der Thunfisch dran. Gießen Sie den Saft grob ab und geben Sie nun den Thunfisch in die Soße. Rühren Sie den Thunfisch unter und rühren Sie am Ende den Frischkäse ein. Gerne dürfen Sie nun auch frische Kräuter mit in die Soße geben. Lassen Sie die Soße nochmals aufkochen und genießen Sie sie dann mit Nudeln, Reis oder auch Couscous sowie Bulgur. Erlaubt ist, was Ihnen schmeckt.

Carbonara-Soße für Babys geeignet

Die italienische Küche ist vielfältig und lecker! Nun kommen in eine echte Cabonara jedoch Eier, doch da sollten Sie noch Vorsicht walten lassen. Darum möchte ich Ihnen diese abgewandelte Variante vorstellen. Sie schmeckt mindestens genauso gut!

Zubereitungszeit

10 Minuten

Schwierigkeitsgrad

leicht

Zutaten

- 1-2 Scheiben magerer Kochschinken
- 4 EL Frischkäse (Natur)
- Italienische Kräuter
- 1 kleine Zucchini
- ein wenig Wasser

Zubereitung

Waschen und säubern Sie die Zucchini und würfeln Sie sie klein. Schwitzen Sie sie in etwas Öl an und fügen Sie dann eine halbe Tasse Wasser hinzu. Jetzt lassen Sie die Kräuter in die Soße rieseln und kochen Sie die Soße auf. Sind die Zucchini weich und gut gekocht, rühren Sie den kleingeschnittenen Kochschinken sowie den Frischkäse ein und lassen alles noch einmal aufkochen.

Die Soße lässt sich sehr gut einfrieren und ist somit auf Vorrat kochbar.

Weihnachtlicher Bratapfel

Ein Weihnachtsfest ohne Bratapfel? Das ist unvorstellbar! Gut, dass Ihr Baby nun schon das Alter hat, an dem es auch in den Genuss des gebratenen Apfels kommen kann! Und wie das schmeckt! Probieren Sie es einfach mal aus.

Zubereitungszeit

20 Minuten

Schwierigkeitsgrad

leicht

Zutaten

- 1 kleiner Apfel
- einige Rosinen
- 1 TL Butter
- etwas Zimt
- 1 Scheibe Zwieback

Zubereitung

Heizen Sie den Backofen auf 200 °C Ober-/ Unterhitze vor. Waschen und säubern Sie als nächstes den Apfel und stechen Sie das Kerngehäuse mittels eines Entkerners aus. Ritzen Sie mit einem scharfen Messer die Schale einige Male ein. So kann der Saft gut aus dem Apfel laufen. Bereiten Sie ein Stück Alufolie vor und setzen Sie die Zwiebackscheibe darauf. Stellen Sie den Apfel nun auf den Zwieback. Füllen Sie den Apfel mit den Rosinen und geben Sie einen Teelöffel Butter oben als Topping auf den Apfel. Bestreuen Sie wahlweise den Apfel mit Zimt und schließen Sie die Alufolie gut um den Apfel herum. Der Bratapfel muss nun für 15 Minuten in den Backofen. Lassen Sie Ihn auskühlen, ehe Sie ihn Ihrem Baby geben.

Vanillesoße schmeckt sehr gut dazu, aber auch pur ist er ein Genuss.

Kuchen aus der Mikrowelle

Wenn der süße Hunger einen überfällt, dann muss eben ein Kuchen her. Die Sahnetorte auftauen? Nix! Heute gibt es Tassenkuchen, der binnen 5 Minuten fertig ist! Frei von raffiniertem Zucker ist es ein Traum!

Zubereitungszeit

5 Minuten

Schwierigkeitsgrad

leicht

Zutaten

- 1 Ei
- 2 EL Dinkelmehl
- 1 Messerspitze Backpulver
- 4 EL 3,5 %-ige Vollmilch (eventuell mehr)
- ½ zerdrückte Banane
- 1 TL Rapsöl

Zubereitung

Zerdrücken Sie die Banane mithilfe einer Gabel und geben Sie sie in eine kleine Schüssel. Fügen Sie alle genannten **Zutaten** hinzu und verarbeiten Sie sie zu einem glatten Teig. Füllen Sie den Teig in zwei kleine Tassen und stellen Sie diese für 2-3 Minuten bei 600 Watt in die Mikrowelle. Auch wenn die Tassenkuchen aus der Mikrowelle kommen, so sind sie sehr heiß. Lassen Sie sie also abkühlen, ehe Sie sie mit Ihrem Baby genießen.

Kleiner Tipp:

Sie können auch ein anderes Obst nehmen. Pürierte Pfirsiche eignen sich gut, aber auch Erdbeeren oder Himbeeren können Sie als ganze Frucht oder kleingeschnitten in den Teig einarbeiten. Auch taugt der Tassenkuchen zum Schokokuchen. Dazu rühren Sie einfach einen halben Teelöffel Backkakao in den Teig ein. Vanille schmeckt auch immer wieder lecker. Ein so wandelbarer und schneller Kuchen!

Klassische Hausmannskost: Frikadellen, Kartoffelbrei und Kohlrabi

Gute alte Hausmannskost gibt es heute! Einfach und lecker! Es müssen nicht immer exotische und komplizierte Rezepte sein.

Zubereitungszeit

40 Minuten

Schwierigkeitsgrad

leicht

Zutaten

- 10 mittlere Kartoffeln
- etwas warme 3,5 %-ige Vollmilch
- eine Prise Muskatnuss
- einen Stich Butter
- 500 g Hackfleisch (Rind, Lamm, Geflügel)
- 1 Zwiebel
- 1 Ei
- etwas Paniermehl
- Kohlrabi

Zubereitung

Schälen, schneiden und kochen Sie die Kartoffeln. Verfahren Sie ebenso mit dem Kohlrabi. Geben Sie das Hackfleisch in eine geeignete Schüssel, fügen Sie noch eine feingeschnittene Zwiebel, ein Ei und etwas Paniermehl dazu und vermengen Sie alles zu einem homogenen Fleischteig. Erhitzen Sie eine Pfanne und zerlassen Sie etwas Butter darin. Formen Sie aus dem Fleischteig kleine Frikadellen und braten Sie diese von allen Seiten gut durch. Sind die Kartoffeln gar, gießen Sie das Wasser ab und geben die Milch, Butter und Muskatnuss zu den Kartoffeln. Zerstampfen Sie alles mit einem Kartoffelstampfer, sodass ein fluffiger Kartoffelbrei entsteht. Gießen Sie das Wasser des gekochten Kohlrabis ab. Selbst wenn Mama und Papa nachwürzen müssen, Sie können nun aber das Essen genießen.

Lasagne

Wenn der Käse braun zerläuft und ein leckerer Duft sich breit macht, Nudelplatten mit herzhafter Tomatensoße geschichtet werden und alles im Ofen backt, dann dauert es nicht lange, bis die Lasagne fertig ist!

Zubereitungszeit

60 Minuten

Schwierigkeitsgrad

leicht

Zutaten

- 10 Lasagneplatten
- 500 g Hackfleisch (Rind, Lamm, Geflügel)
- 500 g passierte Tomaten
- 2 Möhren (sehr fein gewürfelt)
- 50 g Sellerie (sehr fein gewürfelt)
- 1 Zwiebel (sehr fein gewürfelt)
- getrockneter Oregano
- etwas Knoblauchpulver
- 40 g Butter
- 30 g Dinkelmehl
- 500 ml 3,5 %-ige Vollmilch
- eine Prise Muskat
- 100 g geriebenen Käse

Zubereitung

Heizen Sie den Backofen auf 200 °C Ober-/ Unterhitze vor. Braten Sie das Hackfleisch nun krümelig an. Geben Sie nun das feingeschnittene Gemüse mit in die Pfanne und braten Sie es noch einmal kurz mit an. Fügen Sie jetzt die passierten Tomaten hinzu und lassen alles für 10 Minuten einkochen. Wenn Sie eine aromatische Soße wünschen, können Sie nun die Kräuter und das Knoblauchpulver hinzugeben.

Während die Soße einkocht, bereiten Sie die Mehlschwitze zu. Dazu wird die Butter in einem Topf zerlassen und Sie fügen anschließend unter ständigem Rühren das Mehl hinzu. Unter ständigem Rühren geben Sie nach und nach ein wenig Milch in den Topf und warten, bis es andickt. Fügen Sie dann erneut etwas Milch hinzu. Sobald die Milch aufgebraucht ist, können Sie die Mehlschwitze mit einer Prise Muskat abschmecken und zuvor vom Herd nehmen.

In einer Auflaufform schichten Sie abwechselnd die Soße mit den Nudelplatten. Ganz zum Schluss geben Sie die Mehlschwitze über die komplette Lasagne. Bestreuen Sie sie anschließend mit dem Käse. Die Lasagne muss nun für knapp 30-40 Minuten in den Backofen.

Kokos-Mango-Speise

Dieses Rezept kann sowohl als Hauptspeise als auch als Nachspeise angesehen werden. Es schmeckt herrlich nach Sommer!

Zubereitungszeit

30 Minuten

Schwierigkeitsgrad

leicht

Zutaten

- 200 ml Kokosmilch
- 300 ml 3,5 %-ige Vollmilch
- 4 EL Speisestärke
- 50 g Kokosraspeln
- 2 reife Mangos

Zubereitung

Geben Sie die Milch, gemeinsam mit der Speisestärke, in einen Kochtopf und rühren Sie alles mithilfe eines Schneebesens glatt, sodass keine Klumpen mehr vorhanden sind. Nun geben Sie die Kokosraspeln sowie Kokosmilch mit in den Topf und kochen alles unter ständigem Rühren auf. Der Pudding dickt ein, sobald er kocht. Nehmen Sie dann den Pudding vom Herd und lassen Sie ihn abkühlen.

Jetzt bereiten Sie das Mangomus zu. Schälen Sie hierzu die Mangos und lösen Sie das Fruchtfleisch vom Kern ab. Geben Sie das Fruchtfleisch in ein hohes Rührgefäß und pürieren Sie alles zu einem Mus. Ist der Pudding abgekühlt, dann können Sie den Pudding gemeinsam mit dem Mangomus servieren.

Tipp:

Nicht jeder mag Mango. Alternativ können Sie auch Pfirsich, Erdbeeren oder andere Früchte wählen, die Ihr Baby essen darf.

Pfannkuchen aus dem Ofen

Diese Pfannkuchen kommen ohne Fett aus! Ziemlich praktisch. Lecker sind sie obendrein und ein Klassiker unter den Gerichten für Kinder!

Zubereitungszeit

30 Minuten

Schwierigkeitsgrad

leicht

Zutaten

- 125 g Dinkelvollkornmehl
- 125 g Dinkelmehl Typ 630
- 2 Eier
- etwas Vanillemark (optional, schmeckt aber besser)
- 1 EL weiche Butter
- 2 Große Äpfel
- 650 ml 3,5 %-ige Vollmilch

Zubereitung

Heizen Sie als erstes den Backofen auf 200 °C Ober-/ Unterhitze vor. Stellen Sie den Teig nun her, indem Sie alle Zutaten in eine Schüssel geben und sie zu einem glatten Teig rühren. Nur die Äpfel bleiben außen vor, denn diese schälen und entkernen Sie nun. Anschließend reiben Sie sie mithilfe einer Küchenreibe klein und heben sie unter den Teig.

Legen Sie als nächstes ein Backblech mit Backpapier aus und verteilen Sie den Teig auf dem Backbleck. Geben Sie den Ofenpfannkuchen für 25 Minuten in das Backrohr und lassen ihn anschließend bis zur genießbaren Temperatur auskühlen.

Frisches Obst schmeckt besonders gut dazu.

Pickert aus dem Lipperland

Eine regionale Köstlichkeit, die eigentlich weltberühmt sein sollte: Lippischer Pickert. Wenn Sie noch nie davon gehört haben, dann ist es umso besser, dass Sie ihn hiermit kennenlernen. Probieren Sie doch einfach mal diesen Pfannkuchen der besonderen Art aus! Sie werden Ihn lieben und Ihr Baby auch!

Zubereitungszeit

105 Minuten

Schwierigkeitsgrad

leicht

Zutaten

- 375 ml 3,5 %-ige Vollmilch
- 1 Würfel frische Hefe oder ein Päckchen Trockenhefe
- 600 g Kartoffeln
- 500 g Dinkelmehl Typ 630
- 4 Eier
- 40 g Rosinen, alternativ Sultaninen
- Öl zum Ausbacken

Zubereitung

Erwärmen Sie die Milch und fügen Sie die Hefe hinzu. Lassen Sie die Mischung für 20 Minuten ruhen. In der Zwischenzeit schälen Sie die Kartoffeln und reiben sie mithilfe einer Küchenreibe. Eventuell muss der Kartoffelsaft abgegossen werden.

Geben Sie nun das Mehl, die geriebenen Kartoffeln, die Rosinen und die Eier in eine Schüssel und verteilen Sie die Hefe-Milch darüber. Kneten Sie alles zu einem Teig und lassen Sie den Teig nochmals für eine Stunde aufgehen.

Erhitzen Sie in einer Pfanne ein wenig Öl. Bei mittlerer Hitze setzen Sie nun 3-4 kleine Kleckse des Teigs in die Pfanne. Backen Sie sie von beiden Seiten goldgelb.

Achtung:

Hefeteig geht während des Backens in der Pfanne nochmals auf! Machen Sie aus diesem Grund lieber kleinere Kleckse.

Die letzten Anmerkungen vor der Familienkost

Hier fehlt eine Übersicht! Aber wo ist sie bloß hin? Nun, die Übersicht fehlt, weil Ihr Baby nun alle Lebensmittel zu sich nehmen darf. Ausgenommen sind

- rohe Eier
- Zitrusfrüchte
- scharfe Gewürze (z. B. Chili).

Sie haben es sicherlich schon gemerkt, dass Ihr Baby immer mehr zum Kleinkind und somit auch immer selbstständiger wird. Die Zähnchen kommen allmählich immer mehr durch und das Kauen klappt sehr gut. Doch das ist noch kein Freifahrtschein. Sie dürfen nicht vergessen, dass sich das Essen, wie Sie es schon seit Jahren und Jahrzenten kennen, für Ihr Baby gerade einmal ein paar Wochen her ist. Es braucht also noch sehr viel Übung, bis Ihr Baby komplett alleine essen kann und auch keine Gefahr mehr davon ausgeht, dass es sich verschluckt.

Trotzdem macht Ihr Kind riesige Fortschritte. Der Pürierstab kommt nun immer seltener zum Einsatz und auch sonst ist seit dem ersten Löffelchen Brei bis heute viel geschehen. Das Essen, welches Sie auf den Tellern haben, ist natürlich jetzt unglaublich spannend und Ihr Baby freut sich, gemeinsam mit Ihnen essen zu können.

Sie haben es sicher schon gemerkt, aber Gläschen sind absolut out! Wenn Sie noch Reste bevorratet haben, dann sollten Sie allmählich zusehen, diese zu verwerten. Je nach Entwicklung Ihres Babys wird es diese nämlich nicht mehr allzu lange akzeptieren. Verübeln kann man es Ihrem Baby nicht. Zunehmend kommt mehr bunte Vielfalt auf den Teller und es gibt kulinarisch noch so vieles zu entdecken. Da ist es kein Wunder, dass der Brei aus dem 4. Monat nicht mehr auf der Höhe des Interesses mitschwingen kann. Aber die Gläschen und eingefrorenen Portionen wegzuwerfen, wäre ebenso schade!

Vielleicht haben Sie aber auch noch gute Chancen, dass Ihr Baby die Reste annimmt. Jedes Kind geht sein eigenes Tempo und das, obwohl wir schon bei den Rezepten des 10. Monats sind. Doch erinnern Sie sich bitte daran, dass diese Kapitel nicht bedeuten, dass Ihr Kind zu diesem Zeitpunkt alles essen muss. Ihr Kind kann theoretisch ab jetzt die vorgeschlagenen Lebensmittel vertragen. Bei manch einem Kind braucht es aber auch durchaus ein oder zwei Monate länger und auch das ist kein Beinbruch. Immerhin sind wir hier nicht bei einem Wettbewerb. Je bewusster der Umgang mit Lebensmittel und Essen ist, welches Ihr Kind lernt, umso besser bereiten Sie Ihr Baby auf das zukünftige Leben vor!

Lassen Sie zudem den Forscherdrang Ihres Babys zu. Natürlich ist es für Sie nicht angenehm, die ganze Küche nach dem Essen zu putzen, aber verhindern können Sie es auch nicht. Ihr Baby ist in einer Phase, in der es eine Menge lernt und das Erforschen von verschiedenen Lebensmitteln gehört nun einmal dazu. Wir als Erwachsene haben diesen Schritt bereits hinter uns. So wissen wir, wie eine Erdbeere schmeckt, riecht, aussieht und sich anfühlt. Doch auch wir mussten das lernen!

Vielleicht möchte Ihr Baby auch schon alleine mit dem Löffel essen. Das ist eine kognitive Herausforderung, wird

Ihrem Baby doch motorisch einiges abverlangt. Doch früh übt sich. Darum sollten Sie Ihr Baby auch gewähren lassen! Unbedarfte Neugier ist der Motor seiner Entwicklung und es ist schön zu beobachten, welche Fortschritte Ihr Baby durch Motivation und den eisernen Willen macht, es endlich schaffen zu können. Egal, wie frustrierend die Fehlversuche auch sein mögen, Aufgeben kommt nicht in Frage!

Genießen Sie aus diesen Gründen die Momente mit Ihrem Kind. Die Zeit geht so schnell vorbei. Tatsächlich so schnell, dass wir uns im nächsten Kapitel schon die Familienkost ansehen!

Familienkost ab dem 12 Monat

Seit der Geburt Ihres Kindes ist bereits ein Jahr vergangen. Wenn Sie zurück denken an die Zeit, in der Sie Ihr Baby noch gestillt haben, so ist in der Zwischenzeit bis heute viel geschehen. Die Entwicklungssprünge mit Ihrem Baby sind enorm und hat es kurz nach der Geburt noch viel geschlafen, so ist Ihr Baby nun aufgeweckt und ein kleiner Entdecker, der einfach keine Zeit zum Schlafen hat!

Das Fläschchen ist unmodern und nicht mehr auf der Höhe der Zeit für Ihr Baby. Das kündigt zum einen an, dass Ihr Baby allmählich das Babyalter verlässt und zum Kleinkind wird und zum anderen liegt Ihrem Baby die große kulinarische Welt zu Füßen. Dass das viel spannender ist, als das Fläschchen, ist selbsterklärend. Natürlich dürfen Sie Ihrem Baby weiterhin die Flasche anbieten, vielleicht ist Ihr Baby auch noch nicht soweit und fordert die Flasche noch ein. Alles ist möglich, da Ihr Baby sich in seinem eigenen Tempo entwickelt. Wenn Unsicherheiten bestehen, wäre für Sie immer der Kinderarzt der richtige Ansprechpartner.

Ab dem 12. Monat ist für Ihr Baby die Familienkost möglich. Nicht, dass Sie es ihm reinzwingen sollen, aber je nach Entwicklung darf Ihr Baby nun ganz normal mitessen. Das erleichtert Ihnen nicht nur den Alltag, immerhin müssen Sie nun keine Extraportionen mehr kochen oder beiseitestellen, sondern es ist ein großer Sprung, den Ihr Baby in diesem einen Jahr vollzogen hat.

Im Laufe der letzten Monate hat Ihr Baby bereits viele Nahrungsmittel kennengelernt und es ist nur normal, dass es in dieser Zeit Vorlieben für gewisse Lebensmittel entdeckt hat. Kein Wunder, dass es dafür andere Lebensmittel links liegen lässt. Diese Phase ist aber für die Entwicklung Ihres Babys nicht verkehrt. Erstmals hat Ihr Baby gelernt: „Das mag ich und das mag ich nicht", vor allem aber: „Das kann ich selbst bestimmen!". Es ist für Sie natürlich sehr nervenaufreibend, wenn der Rosenkohl regelmäßig vom Teller fliegt und auch der Blumenkohl kann das Steuer nicht herumreißen! Viele Eltern stehen in dieser Phase kurz vor der Detonation! Sie sind also nicht alleine damit. Trotzdem ist es eine Phase, die vorüber geht und die Sie aushalten müssen, so schwer es auch fällt. Auch hier zählt wieder der Tipp: Je gelassener Sie mit der Situation umgehen, umso einfacher haben Sie es!

Doch was geschieht nun ab dem 12. Monat? Im Prinzip passiert das, was sich in den letzten Monaten bereits angekündigt hat: Ihr Baby isst ganz normal bei Ihnen mit! Natürlich ist das kein Freifahrtschein für viel Salz, Chili und Co. Tatsächlich müssen Sie Ihr Baby an solche Gewürze langsam heranführen. Auch rohe Eier und rohes Fleisch sollte mindestens bis zum 2. Lebensjahr tabu sein. Wenn Sie diese Abstriche berücksichtigen, führen Sie ab jetzt ein ganz normales kulinarisches Leben: Morgens gibt es Frühstück, am Vormittag gibt es einen kleinen Snack, mittags kommt das Mittagessen und am Nachmittag folgt nochmal ein kleiner Snack. Abends gibt es dann die letzte Hauptmahlzeit des Tages. Achten Sie auf ausreichend Trinken in Form von Wasser oder ungesüßten

Tee. Das ist schon das ganze Geheimnis der Familienkost und es ist sicherlich kein Hexenwerk!

Doch ehe ich Sie nun in die abschließenden Worte entlasse, möchte ich noch einmal auf das Thema Zucker zu sprechen kommen. Viele sind mittlerweile auf dem Stand, den raffinierten Zucker zu verteufeln. Sicherlich steckt viel Wahrheit in der Behauptung, raffinierter Zucker ist nicht gesund! Allerdings ist es hier auch eine Frage des Maßes. Zu viel raffinierten Zucker gilt es zu vermeiden, so viel steht fest. Doch bekannterweise bestätigen Ausnahmen die Regel und genau so sollten Sie es auch beim Zucker handhaben. Sicherlich sollte dieser nicht täglich auf dem Programm stehen, doch hin und wieder mal ein kleines Stückchen Schokolade oder ein Stückchen Kuchen ist definitiv vertretbar, wenn die Regel die gesunde und ausgewogene Ernährung darstellt! Es ist also, wie in vielen Dingen des Lebens, eine Frage der ausgewogenen Balance. Übrigens können Sie es ab einem gewissen Alter Ihres Kindes sowieso nicht mehr verhindern! Wenn Ihr Baby größer und bei Freunden zu Besuch ist, können Sie es nicht verhindern, sollte es dort ein Stück Kuchen oder Schokolade bekommen. Es ist also wichtiger, Ihrem Kind ein gesundes Verständnis hierzu zu geben, anstatt mit Verboten zu erziehen. Langfristig hat Ihr Baby mehr davon.

Abschließende Worte

Nun sind Sie am Ende einer langen Reise durch die Welt von Babys Beikost angelangt. Sie haben viele verschiedene Rezepte kennengelernt und nachgekocht. Vielleicht sind Sie auch selbst kreativ geworden und haben Ihre eignen Rezepte mit den Zutaten entwickelt.

Babys Küche ist ein Meilenstein in der Entwicklung Ihres Babys. So kündigt die Beikost an, dass die Zeit des Babyseins bald um ist und Ihr Kind zu einem Kleinkind heranwächst. In kaum einer Phase rennt die Zeit so schnell, wie in den ersten Jahren. Beinahe täglich lernt Ihr Baby etwas Neues kennen, übt motorische Abläufe und genießt das Leben unbeschwert und sorgenfrei. Dabei legt auch Ihr Kind einen unglaublichen Ehrgeiz an den Tag und hat zudem eine hohe Frustrationsgrenze. Besonders deutlich wird das beim Krabbeln oder in den ersten Schrittchen. Viele Fehlversuche und noch mehr Übung benötigt es, bis es endlich klappt! So eine Ausdauer würden wir Erwachsenen uns auch wünschen. Doch all das hat seinen Preis: Hunger.

Nur gut, dass Sie mit dem Buch jetzt reichlich eingedeckt sind, mit verschiedenen tollen Rezepten, Tipps und Tricks rund um Babys Küche. Denn mit vollem Magen, versorgt mit allen wichtigen Vitaminen, Nährstoffen und Mineralien, lässt sich die Welt gleich doppelt so gut erkunden!

Die Entwicklungsschritte werden zunehmen und Sie werden staunen, was Ihr Baby für Sie noch alles an Überraschungen bereithält. Dabei stehen Sie noch ganz am Anfang des Abenteuers Kind.

An dieser Stelle möchte ich Sie ein letztes Mal darauf hinweisen, dass Ihr Kind sein eigenes Tempo verfolgt. Zahlen, Fakten und eventuelle Möglichkeiten sind sinnlos, wenn Ihr Baby für diesen Schritt noch nicht bereit ist. Sie als Mutter und Vater haben ein gutes Bauchgefühl für Ihr Kind und in der Regel wissen Eltern instinktiv, was Ihr eigenes Fleisch und Blut benötigt! Nicht umsonst können die Eltern Ihr eigenes Kind am besten verstehen. Haben Sie also den Mut und hören Sie auf Ihr Bauchgefühl und Ihr Kind, dann wird alles gut werden.

Ich bedanke mich für Ihre Zeit und natürlich für Ihre Aufmerksamkeit diesem Buch gegenüber. Darüber hinaus wünsche ich Ihnen und Ihrem Baby für Ihre Zukunft nur das Beste und natürlich viele tolle und beeindruckende Momente und Überraschungen, die Ihr Baby für Sie parat hält. Machen Sie es gut und leben Sie wohl!

Haftungsausschluss

Die Umsetzung aller enthaltenen Informationen, Anleitungen und Strategien dieses E-Books erfolgt auf eigenes Risiko. Für etwaige Schäden jeglicher Art kann der Autor aus keinem Rechtsgrund eine Haftung übernehmen. Für Schäden materieller oder ideeller Art, die durch die Nutzung oder Nichtnutzung der Informationen bzw. durch die Nutzung fehlerhafter und/oder unvollständiger Informationen verursacht wurden, sind Haftungsansprüche gegen den Autor grundsätzlich ausgeschlossen. Ausgeschlossen sind daher auch jegliche Rechts- und Schadensersatzansprüche. Dieses Werk wurde mit größter Sorgfalt nach bestem Wissen und Gewissen erarbeitet und niedergeschrieben. Für die Aktualität, Vollständigkeit und Qualität der Informationen übernimmt der Autor jedoch keinerlei Gewähr. Auch können Druckfehler und Falschinformationen nicht vollständig ausgeschlossen werden. Für fehlerhafte Angaben vom Autor kann keine juristische Verantwortung sowie Haftung in irgendeiner Form übernommen werden.